学級経営は「問い」が9割

Empowerment for Children

澤井陽介
文部科学省教科調査官

東洋館出版社

はじめに

　私は立場上、多くの授業を参観させていただきます。その中で感じることは、「よい授業には共通点がある」ということです。

　それは「学級経営のよさ」です。教材や、その授業における教師の指導（発問や指示など）のよさはもちろんなのですが、やはり心に残るのは「子供たちの姿」なのです。「どうやって子供たちを育てたのだろう」「なぜこの子たちはこんな風に学ぶのだろう」そのことを考えると、やはり日頃の学級経営、学級づくりに行きつくのです。

　私の学校での教員としての経験は、17年間しかありませんから、それ以上経験され、いままさに子供たちと対峙している先生方には、学級経営の語りはとてもかなわないと思います。まして、社会科の教科調査官という立場の私が、しゃしゃり出る分野・領域ではないのかもしれません。

　しかし、経験年数の少ない若手の先生と話をしていると、やはり学級経営について、もっと基本的なところから考えたほうがよいのではないかとも感じます。

　そうすれば、もっと授業がよくなるのに…何よりも授業をしやすくなるのに…と。

　学級経営のノウハウに厳密な決まりはありません。そのため、「こうすればよい」というタイプの指導事例集や、指導の基本を示している書物は、世の中にたくさんあります。ノウハウがたくさんほしければ、そういう本を読むとよいと思います。

本書を通じて、私が表現したかったのは、学級経営という言葉に隠された、教育活動としての本質的な部分です。

現在の学校は、社会からの、保護者からの様々な要望、多様な子供たち、個に応じた支援が必要な子供たちなど、様々な分野・方面への対応に追われています。ですから、教師という仕事は、それらの対応に全方位的に目を配り、気を配りながら行う、とても大変な仕事です。先生方と話をしていると、毎日、相当長い時間勤務しているという現状もよくわかります。

教師も人間です。すべてを完璧にはできないという面もあるでしょう。だから、何をこそ大切にしなければならないか、あるいは、何を大切にすれば、すべて（そうは言い切れませんが）がうまくいくようになるかを考えてほしいと思います。

教師の仕事は、学習指導、生徒（生活）指導、部活等の指導、保護者や地域への対応、事務仕事など様々ですが、そのすべてが有機的につながっているのではないでしょうか。そして、特に小学校では、その基軸に学級経営があるように思います。

なぜなら、**学級経営には、教師の仕事に対する哲学や姿勢がすべて集約されているか**らです。

平成28年3月吉日　澤井陽介

目次

はじめに　3

第1章　学級づくりは集団づくり、よりよい集団が個を輝かせる
―教師と子供の関係づくりの基本姿勢

能力は向上させるもの、資質は信じて表出させるもの　12
指導がむずかしいと言われる子供たち　13
よりよい集団が個を輝かせる　16
教師の言葉が子供に届くということ　18
信頼よりも好奇心　20
子供の教師理解　22
子供が望む教師の姿　23
教師自身の子供時代の記憶は最高の教材　25
子供は教師の本心に触れたがっている　32
ときには「たかが子供」と高をくくる　34

教師の表情を読み取れる子供にする　38
子供の思いや考えを聞き取る　40
書かせるということは考えさせること　42
「この学級の中に悲しい思いをしている子がいると思う?」　45
教師を演じる　48
とにかく笑わせる　50
互いの成長を喜び合う　52
教師としてのテンションは、ローから徐々にシフトチェンジ　54
子供と真剣に向き合っていれば、評価は後からついてくる　56

第2章　子供の思考をアクティブにする「問い」の指導
―学級経営の基本姿勢

教師の手の内は明かしたほうが子供は迷わない　62
外の世界への憧れや羨望が子供の心に火をつける　67
「がんばれば乗り越えられそうだ」と思えるハードル　70

とにかく子供には「すごい！」と言わせたい　71
作戦会議で一緒に悩む　73
判断基準としてのダメライン　80
行き先を方向づける　83
教師のイメージを軸として、子供たちのニーズの輪をつくる　85
子供に下駄を預ける　88
ときには冷たくすることもある　93
許される範囲を体得しているから、子供たちに任せることができる　95
思いやりの耳と思いやりの目　99
褒めるターゲットは部分、叱るターゲットは全体　101

第3章　授業は教材4割、学級経営6割
―集団の学力を高める学級づくり

集団としての資質・能力の面積を広げる　110
教師と子供の双方が目標イメージを共有する　119
子供の本気はルールを踏み越える　122

専門分野という持ち場をもたせる　125
デコボコがあるから、子供の資質・能力の面積が大きくなる　131
問いは持ち帰らせる　133
学びはまねっこ　138
相手意識が子供の思考をアクティブにする　140
関心が低いものを高めていくのが授業　143
声に抑揚をつける、穏やかな声ほど子供は集中する　144
掲示は子供の学びを広げる最高の思考ツール　146

第4章　（1分の1）×40が、教師を変える
―子供の心に届く指導

（1分の1）×40　152
子供は「さよなら」の後に情報をもってくる　155
子供が自分の中にあるものをはき出すルートをつくっておく　158
共にいる　162
沈黙や表情で意図を伝える　170

学習評価は、教師が先読みしたイメージが大切　173
いじめにつながる予兆は瞬間的にわかる　174
いじめについては、とにかく密告　175
「何でもお見通しの目」　177
女子会　180
女子会の副次的効果　185
子供になったつもりで、彼らの椅子に座ってみる　187

終章　教育は、理屈だけでは語れない

はじまりの日　192
心の氷を溶かす　196
初動を間違えなければ、子供の信頼を取り戻せる　199
保護者にはミニ教師になってもらおう　205
あとがき──社会科の視点から　213

第1章

学級づくりは集団づくり、よりよい集団が個を輝かせる

――教師と子供の関係づくりの基本姿勢

能力は向上させるもの、資質は信じて表出させるもの

教師には持ち味のようなものがあります。黙っていても滲み出ているような何かです。子供たちは、その何かを敏感に感じとります。呼応するかのように、子供たちもまた、教師とは異なる何かを放出します。

言葉では伝えにくいものです。理屈をこねるほどに、かえってわからなくなるようなものです。うまくいっている学級では、そんな音波の伝え合いのような、言葉だけではないコミュニケーションが成立しています。

このようなことを考えるたびに、教員の資質向上が大切だとの言説に対して、私は少しばかり違和感を覚えることがあります。教育法令の解釈では、資質は向上させることができるものとなっています。しかし、大人である教師の資質も同じなのだろうか、何らかの努力や技法によって向上させたり変化させたりすることができるのだろうか…と。

新任早々であっても、「あっ、この人は子供とうまくいくな」「この人は研究の分野で成功しそうだ」と、ちょっとした世間話をしているだけでもわかります。身も蓋もない話ですが、結局のところ、教師としての資質とはそういうものなのだと思います。

一方、能力（技術）は向上させることができます。いい授業をたくさん見て、子供の様子をつぶさに観察して、場数を踏んでいけばいい。真摯に、愚直に、精一杯努力し続けていさえすれば、能力（技術）は必ず身についていきます。

*

資質とは、その人を形づくる有りようです。変えようと思って、変えられるものではないように思います。だからこそ、「自分を形づくる資質が、きっと子供によきものを与えられるはずだと信じて、彼らに向かっていけばいい」と思うのです。

指導がむずかしいと言われる子供たち

私は、教壇から離れて16年の歳月が流れましたが、最近ふと思うことがあります。それは、「昔と比べて、子供たちは変わったのだろうか?」という疑問です。

私が教壇に立っていたころも、突拍子もなく怒り出して、たとえば理科室に隠れてしまう子がいたし、いろいろと苦労しました。当時は発達障害という言葉はありませんでしたが、指導の入りにくい、大変な子供たちは、いつの時代にもいるものです。

しかし、現在の教育現場では、「大変だ」というレベルを超えた、厳しい状況があると聞きます。学級担任だけでは対応がままならず、補助者がつき、四六時中、手をかけていないと、どうにもならない子供が増えているというのです。

教師は、子供一人一人をしっかり見取り、手をかけていかなければならないと言われます。そのこと自体に反対する教師はいないでしょう。しかし、その考え方が、近年必要以上にエスカレートしてしまっているように思います。

もっと手厚く、もっと時間をかけて、もっと慎重に、もっと寄り添って……。「もっと、もっと」という風潮です。このようなかかわりや対応が、先生方の大きな負担となっているというのです。

このように考えると、私が教壇に立っていたころと比べて、子供たちは一見変わってしまったかのように思えます。しかし、私にはどうしてもそうは思えません。かつてを振り返れば振り返るほど、子供自身ではない、何かほかの理由があるのではないか。指導主事の目、教科調査官の目で、子供たちの姿、学級の様子、授業の様子を見続けてきて、そう感じるのです。

それでは、いったい何が変わったのか？　変わったのは、むしろ大人のほうなのではないか？

社会の仕組みや価値観、家庭環境や学校への保護者の期待などは、昔と比べるとずいぶんと変化しているように思います。

子供は親の鏡、社会の鏡。**もし、子供たちが変わって見えるのだとしたら、それは大人を取り巻く社会や大人自身の変化、子供を取り巻く環境の変化が子供たちに大きく投影されている。**

たとえば、授業中に立ち歩いたり、床に座り込んだりする子がいる。いくら注意しても耳を貸そうとしない。顔さえ上げない。だからといって、反抗的というのでもない。ただ、「なんで？」って不思議そうな顔をしている。彼らの心は「？」でいっぱい。「別にいいじゃん？　何が悪いの？」その表情はそう語っているように見えます。

こうした子供の行動や反応の背後には、子供を大切に思うあまり、そうした子供の行動までをも容認してしまっている雰囲気があるような気がします。

このような社会的変化による影響を受けて、教育現場では、**「一人一人の子供」という「個」に目が行きすぎてしまった**のではないでしょうか。その結果、**「子供たち」というくくりでの「集団」に対する教育力が、相対的に弱まっている**ように、私には感じられるのです。

よりよい集団が個を輝かせる

結論から先に言うと、私は、集団を指導するのが教師の本分だと思うのです。「40人なら40人、30人なら30人をしっかりと、しかも一斉に指導する、そのための「集団づくり」です。

個は一つ一つの教育活動、学習活動の中で生かされますが、そのためには根っことなるべき、よりよい集団があってはじめて成立します。その重要性が最近忘れられつつあるように思われます。

ですから、私はあえて、学級を教師の持ち味に取り込むことの大切さを強調したいと思います。そのうえで子供たちが、「いいね」「おもしろい」「安心していられる」と思える空間をつくるのです。

このように言うと、学級王国的な悪しき閉鎖空間を連想する方もいるかもしれません。「一斉に」「集団指導が大事」「教師のカラーに染め上げる」などと言うだけで、マイナスイメージをもつ風潮があるからです。たとえば、校庭で朝礼、朝会をするときに、「前にならえをさせることは、軍隊式でよろしくない」などと言われた時期もありました。

しかし、**子供たちを一個の個人として完全に切り分けてしまうと、多様性ばかりが目**

について、かえって指導がままならなくなるのではないでしょうか。もし、子供の多様性にすべて対応しようとすれば、教師のほうが子供についていかざるを得なくなります。それはとても大変なことだし、どれだけ優れた教師であっても不可能です。

多様性に際限はありません。（極端な言い方をすれば）それこそ、1学級40人であれば、40人教師が事に当たっても、手が届かないところが出てくるでしょう。どれだけ緻密に、どれだけ細心の注意を払っても、必ず隙間が生まれます。ですから、延々と仕事を切ることができなくなります。

実は逆なのです。**「教師が子供についていく」のではなく、「子供が教師についていく」ようにしていかなければならない**のです。言い換えると、教師が子供の個性に合わせるのではなく、子供が教師の個性に合わせて行動できるようにしていくということです。それが、まさに集団づくりです。

いかにこちらに向けて歩かせるか。そのうえで、ついてこられない子供たちを見定めて、彼（彼女）のもとに一足飛びに助けにいく。これが集団を指導する要諦であり、子供たちとの駆け引きが必要となるゆえんです。

教師の言葉が子供に届くということ

昔から、行政には権力行政とサービス行政の両面があると言われています。

権力行政とは、決められたことをしっかりと伝えていくという役割です。一方、サービス行政とは、国民のニーズをとらえて満足感を与える役割、すなわち顧客サービス的な要素です。

まず第一には権力行政、つまりやるべき教師の責務は何かということです。しかし、それは相手があってのこと。**教育というのは関係が教育する**と言われているとおり、教師とその子との関係で伝わっていくものです。

相手のニーズや声を受け入れていくというサービス行政的な要素は確かに必要です。喜んでもらう、満足してもらうという発想がないと、ただただ「私は教えました」と権力行政的な発想や態度をとってしまいます。

しかし、ここに言うサービスとは、民間企業でいう消費サービス業とは違うものです。望ましい権力行政が機能するための材料として、子供たちのニーズがある。こちらが主でなくてはいけません。そうでないと、教師の言葉が子供に入っていきません。教師が勝手に、一方通行で押し込んでも、子供には決して届かないからです。

「私は、ちゃんと教えました」「伝えました」と言うばかりで、我が身を振り返ろうとしない教師には、私はいつも次のように問い返しています。

「教えたということは、学んだということだと言える？　それはつながっているの？」

「伝えたということは理解したということなの？　つながっている？」

ここが、消費者ニーズと子供のニーズとの決定的に異なる点です。**教師は常に「問い」を考え、「問い」によって子供を奮い立たせ、その過程で子供のニーズに応えようとします。**

子供は教師の「問い」に答えようと口を開けます。その瞬間を見逃さずに、「ほら」と放り込んでやるような示し方です。そこまでしてはじめて、子供の中に教師の言葉が入っていきます。

そのために知っておくべき情報としてのニーズです。ニーズとは、すなわち子供の声なき声。期待に満ちた眼差しなのです。

4月当初にはよくわからなくとも、夏前ぐらいにはどの子がどのようなニーズをもっているのか、およそわかってきます。最初はみんな同じ顔、みんないい子に見えます。しかし、実はいろいろ癖があるなということがわかってきます。だから焦らなくていい。最初に教師が伝えるべきことをまずしっかりと伝える。そして何をよしとして、何はならぬかをきとんと伝えていけばよいのです。

信頼よりも好奇心

もし子供との関係がしっかりできたら、絶対よい学級になります。子供自身も落ち着くので授業もやりやすくなります。

では、どのような関係であればよいのでしょうか？

よく、子供との信頼関係が大切だと言われます。もちろん、私も否定するつもりはありません。しかし、もっと大切なことがあるように思います。それは、お互いに対する好奇心です。

この先生は、どういう先生なんだろう？

この子はどういう子なんだろう？

もっとお互いに知り合いたいと思う気持ちをもち続けられる関係です。

「あぁ、この子はこんな面をもっているんだな。おもしろいなぁ」

「え！　先生って、そんなことを考えているんだ。ぼくたちと同じだ」

信頼関係というと、何かしらすでに完成された、一度築かれると不変のような印象があります。そんな完結的な関係ではありません。「もっと知りたい」「新しいことを知った」と、お互いの情報が更新され、「おもしろい」「だからもっと知りたい」と続いてい

お互いへの好奇心が教師と子供との関係をよりよくする

く関係です。そして、いずれお互いにこう思えるようになります。「もっと自分のことを知ってほしい」「もっと仲良くなりたい」

お互いにずっと興味をもち続けられる、そういう関係であったほうがよいと思います。殊に、小学校においては、教師に関心をもてなければ、授業にも興味をもてません。

子供の教師理解

よく「教師の子供理解が大切」と言われます。それはそれでそのとおりなのですが、私は、むしろ「子供の教師理解がまず第一」だと思っています。私たちの先生はどのようなことに喜びを感じ、どのようなときに怒るのかを子供にわかってもらえると、いろいろなことがうまくいくようになります。

教師にとって学校は自分の職場ですから、教室は自分のホームであるように思いがちです。しかし、教室の中では、実は結構アウェー。子供のほうこそホームなのです。

ですから、いくら教師が子供を理解しようとしても、自分たちの外側から来た教師に対して、ホームである子供自身から「この先生に、自分を理解してもらいたい」と思ってもらえなければ、その子自身を見せてくれないので、子供理解はおぼつきません。

だからこそ、まず教師である自分がどんな教師であり人間であるのかを、子供たちにわかってもらうことが第一となります。**教師が子供を理解するのではなく、子供が教師を理解する（認めてくれる）、だから結果として子供たちのことがわかるようになるし、学級がまとまる**のです。

教師が一方的に学級をまとめようとしても、子供たち自身がまとまろうと思えなければ、教師にどれだけ力量があっても、やっぱりまとまりません。

子供が望む教師の姿

以前、山形で参観した授業で、次のようなやりとりを見ました。

この授業は、まず教師の撮影した映像を子供たちが観るところからはじまります。映像の冒頭は、神妙な顔をした先生の顔、続いて時計。時刻は深夜の2時。しんと静まりかえった通りから、ビデオカメラを手にした先生が、するりとスーパーマーケットへ入っていきます。

「おぉぉぉぉおおおお！」子供たちから歓声があがります。「ま〜た〜ですか！先生！」どうも、この先生はいつもこんな調子で授業をやっているようです。そして、この「またか！」の声は、子供からの賞賛のように聞こえます。

こうした授業では、提示される資料の臨場感や面白さが子供を惹きつけます。そして何より、自分たちの先生が苦心してつくった資料だとわかると、子供たちは誇りすら感じるのです。

さて、子供たちから発せられた、この「またですか！」の声は、いったい誰に向かられたものだったのでしょうか？　授業者に対してでしょうか？　それとも、ほかの子供たち？

私は、参観していた先生方（私を含む）に対する言葉であると感じます。すなわち、自分の誇らしい気持ちを参観している先生方に理解してもらいたくて、子供たちは「またですか！」と口にしているのです。これは、「ぼくらの先生はどうだ！　すごいでしょ！」という自慢の言葉の裏返しなのです。

子供は「うちの先生はいいでしょ？」と思いたいし、言いたいのです。だから、内心、自分の学級の担任にはそういう教師であってほしいと願っています。ほかの学級の教師と競いたいという競争意識ではなく、自分の教師を誇りにしたいという心情です。

そして、普段は教師然としたオーラを漂わせていても、そこかしこに垣間見られるほころび、人間っぽいだらしなさ、格好良さ、虚勢の裏側にある可愛らしさ、そうした人間としての教師のほころびを子供たちは見逃しません。目ざとく見つけては、むしろそうした部分にこそ、自分を引き寄せ、重ね合わせ、心を触れ合わせようとします。

教師自身の子供時代の記憶は最高の教材

子供に届く話とはどのようなものでしょうか？　誰もが驚くような歴史上の重大事件でしょうか？　それとも、教訓に満ちた偉人の人生でしょうか？　そうした話も確かに人の耳目を集めるかもしれません。しかし、子供の場合は少々異なります。

子供は自分の身近な事象から物事を学びます。自分の尊敬するお父さん、お母さん、あるいは先生が話をするから耳を傾けるのです。子供にとっては、話の内容そのものよりも、誰が言った話なのかが大事なのです。しかも、そうした身近な人たちの子供時代の話は、どんな立派な偉人の話よりもストレートに届きます。

教訓めいた「○○はこうすべきだ」というのは、大人の感覚です。大人社会における集団の秩序維持が意識の根底にあります。しかし、子供は子供なりの論理によって維持される子供社会の中で生きています。大人から見れば、たとえ稚拙なやりとりであったり、理不尽なことであっても、子供にしてみれば、それこそが自分自身の現実なのです。

大人は、理屈ではわかっていても、子供が自分とは違う現実を生きていることをつい忘れがちです。子供の理屈を無視して大人の理屈で説こうとしても、（たとえそれがどれだけ素晴らしい価値観であったとしても）子供の中には入っていきません。ここにこそ、まずは子供と同じ土俵に立ってみることとの意義があるのです。

そこで、私は、「先生は…」という文脈ではなく、「私は…」という一人の人間としての視点から自分の子供時代の話をするようにしていました。

何かこうしなければいけないとか、してはいけないといった落としどころがある教訓的な自分語りではなく、ただかつて自分はこう思ったという話です。「今、思い返したら、あの子はたぶんいじめられてたんだよな。でも、気づいてやれなかったんだよ」、あるいは「いじめられていると思ったけど、止められなかったんだ。それは、いまでも忘れられないんだ」そんな話を語って聞かせると、子供はぐっと近づいてきます。

きっと、小学4年生、5年生の澤井くんを思い浮かべるのでしょう。だから、子供は共感的に耳を傾けます。「えええええ！」と率直に驚き、「先生、それでどうしたの？」と興味津々。そもそも子供は知りたがり屋です。

「先生もそうだったのか」「それなら、私も迷って当たり前なんだ」と、ちょっとしたカルチャーショックを受けて、自分の日常に引き寄せます。このような素直な思考になるのは、自分自身のモデルだからです。**子供はいいことも悪いことも含めて、自分のモデルを常に探し求めています。**

「先生はこんなことを考えてきたんだ」「こんなことを経験して育ってきたんだ」という情報を通じて、何が大事なのか、どういうときに怒りが生まれるのか、些細なことだけど、実はこんなことが嬉しいといった、仄かな感情の揺れを感じとります。

子供の感覚は鋭敏です。たとえ、言葉にならなくても、興味を惹かれる事柄であれば、直感的にその本質の輪郭を察知します。

道徳の教材とはひと味違う教師自身の記憶が教材です。そこには、子供にとってとても身近で、つくりものではない生々しさがあるのです。

たとえば、私はかつてこんな話を子供たちに語って聞かせました。実際にあったことで、いまもなお自分が正しいことをしたのか判断がつかない、心に引っかかり続けている出来事です。

私が小学生のころ、給食の時間にお弁当を食べていた時期があったんだ。給食室が工事中だったから、その間だけ。

そのとき、とても気になる子がいてね。私の隣に座っていた男の子の話。

この子は、給食の時間になると、決まって教室にいない。どこに行っているのかはわからないのだけど、みんなが弁当箱をあけてワイワイガヤガヤはじめると、スッと教室に入ってくる。で、こっそり自分のお弁当を食べはじめる。そんな毎日だったのね。

彼のお弁当は、いつもおにぎりだった。毎日、新聞紙に包んで持ってくるのだけど、形がいびつで、具が入っていなくて、表面を海苔を覆った真っ黒で大きなおにぎりが1個。彼は、そのおにぎりをみんなと一緒に食べようとしなかった。

みんなはお母さんがつくってくれたお弁当。でも、その子はどうもそうじゃないらしい。おそらく自分でつくったおにぎりだったのだと思う。

そんな自分の様子を周囲に気取られたくなかったんだろうね。先生が小学生だった昭和40年代は、そんな子供たちがいる、まだ貧しい時代だったんだよ。

私はずっとその隣の子が気になっていたんだ。自分のおかずを分けてあげたくてしょうがなかった。でも、なかなかそうできなかった。「あげるということは、この子をおとしめることなのかな」そんなふうにすごく考えた。

でも、ある日、思い切ってあげてみたんだ。すると、その子は「ああ……」と言ったきり何も言わなくなってしまった。一瞬「まずかったかな」「あげないほうがよかったかな」と思ったけど、もう遅い。

結局は私からもらって全部食べたけど、食べている間、ひと言も口を利かなかったよ。

そんなことがあってしばらくしたころ、その子は転校してしまってね。どうも家の事情があって、学校に来たり来なかったりしていたんだよね。

先生は、いまだに思い出しては考え込んでしまうんだ。10歳の澤井は、本当に正しいことをしたのだろうか？ってね。

私は、少々ポケッとした子供だったので、（恥ずかしながら）授業で何を教わったのかあまり覚えていません。しかし、そんな私でも心に楔《くさび》が打ち込まれたような出来事は忘れないものです。

友達からされて苦しかったこと、逆に傷つけちゃったかなあと思ったことなどは誰しもあると思います。そうしたことを、教訓めいた理屈を後づけしたりせずに、「今でも忘れられないいんだ…」と、心にあるカタチのまま言ってあげることのインパクトは、大人が想像できないくらいとても強いと思うのです。社会に出て、結婚して、子供ができて、すっかりおじさんになってもなお、10歳のときのあの出来事が、色褪せることなく記憶に留まっているわけです。目を閉じれば、そのときの絵が浮かぶ、そんな話が子供にインパクトを与えないわけがありません。

実際、この話を語って聞かせると、教室内が一瞬、しいんとなりました。その後、子供たちは堰を切ったように自分の考えを言いはじめます。

「私だったら、あげたりしないでそっとしておくな」

「いやあ、ぼくだってあげるかもしれない」

「でも、もらったときは、すごく傷ついたんじゃない？」

「本当は嬉しかったのかもしれないよ」

「じゃ、その子が教室にいない間に、そっと机の上に置いておいたら？」

もし、大人としての立場、教師としての立場で、「すべきこと」「すべきではないこと」という文脈で話をしていたら、子供は自分の身に起こったことのように思わなかったでしょうし、まして闊達な発言が飛び交うことはなかったと思います。

必ずしも「正しいとはいえない」、むしろ「間違ってしまったのかもしれない」、あるいは「いまでも忘れられない」、**こうした悩みは、自分の価値判断と周囲の人たちの受け止めが一致するかわからない、いわばグレーゾーンのときに生まれる**のだと思います。

このような例をあげると、子供は真剣に考え、自分なりの答えを導き出そうとします。

中には、こんなことを言ってくれた子がいました。

「たとえ傷ついたとしても、ぼくだってきっとおかずをあげたと思う。だから、先生がやったことは間違いじゃない」

その瞬間、私は本当に涙が出そうになりました。そういう教師と子供とのつながり、かかわり。教師は子供に教える側に立ちますが、それよりも子供の中にある何かを引き出すことこそ、本当に価値あることなのだろうと思います。

それともう一つ、子供が身を乗り出す話には共通点があります。単に失敗談であるというだけでなく、話そのものに「問い」がある、ということです。「本当にそれでよかったのだろうか？」という問いです。

大人になっても、正しかったのか、間違っていたのか、自分でも未だにわからない出来事というものは誰しもあると思います。「あのとき、本当にこうすべきだったのではないか」とずっと考え続ける事柄です。

一つの問いに対して、考え続けられる子供は、いつか必ず自分にとって最適な解を見つけ出します。1万通り教えたからといって辿り着けないその子自身の解です。自分で考えて、価値判断して、最終的に「きっとこれがいいはずだ」と選択できることが、その子の人生をつくっていくのです。

ですから、**教師として大事にすべきは、問いへの「答え」をはじき出させることではありません。考え続けられる「問い」を与えることだと思うのです。**ですから、答えそのものは子供それぞれでいいのです。

中には、「ぼくだったらやっぱりしないなあ、傷つくもん」と言う子もいる。「いや、それは先生、しょうがなかったよ。先生がやったことは間違いじゃない」と言う子もいる。それでよいのです。そのうえで、「でも、本当のところどうなのか、自分なりに考えてみてね」と促して、問いを持ち帰らせるのです。

子供は教師の本心に触れたがっている

私は、普段の授業では子供をとてもよく褒めるようにしていました。

「すごいね、そんな考え方があったんだ。みんなに教えてあげて」

「いいね、それではもうちょっとよく調べてみようよ」

子供の発言を拾い上げたり、その発言を学級全体に広めたり、次の学習活動への意欲を高めたりといった指導意図のある褒め言葉です。

しかし、研究授業のときだけは別。授業中、私は子供を褒めませんでした。それは指導意図とは別次元の話です。要するに、多くの先生方が参観するなかで、子供たちを褒めるのが照れくさかっただけ…。

そんな私でしたが、さすがに何も言わないというのもなんだよなぁと思って、研究授業の翌日の朝、授業をはじめる直前に「昨日はありがとね。みんなよかったよ」と言い流しました。それに対して、子供の何人かが何かを言おうとするのを遮って、「さっ、授業、授業、はじめるよ！」と言って、そそくさと授業をはじめました。

いまになって思い返してみると、子供はそういう教師の態度をどうも気に入ってくれるようです。「先生、照れてるんだな。でも、本当は嬉しいんだろうな」と。

ただ、そのときは、指導技術的な手管としてではなく、ただ私の素の部分が出てしまっただけの話です。だけど、それが結果的によかったのでしょう。

それをもし、「わぁ、きみたち、きのうは素晴らしかったよ」などと大仰に褒めていたとしたらどうだったかなと振り返ってみましたが、きっとダメだっただろうと思います。それではきっと彼らの心に届かなかったことでしょう。

子供は、一人の人間としての教師の本心に触れたがります。だからこそ、教師のぎこちなさ、照れくささは、子供の琴線に触れるのだろうと思います。

きっと、教師としてのシビアな私と、見え隠れする人間としての私の本心を垣間見ることができるから、「先生、照れてるんだなぁ」とくすくす笑い（教師の心的状況が伝わり）、「きっと、本当に嬉しかったんだろうな」と思ってくれる（教師の思いが届く）のだろうと思います。

このようなことがあって、私は指導の一環としてではなく、人間として褒める場合には、つぶやくようにさらっと言い流すようにしていました。決してベタベタ褒めたりはしませんでした。

ときには「たかが子供」と高をくくる

近年、人の表情を読み取れない子供が増えている感じがします。人の表情を見て、「あ、怒っているな」とか「あ、うれしそうだな」と感じとること。これはすごく大事な共感的感性です。この感性が乏しい子供であってはいけないと私は思うのです。

そこで、子供たちが、教師としての私の表情を読み取れるようなるために、次のことを心がけていました。

まず言うべきことは冷静な言葉にする。しかし、感情は言葉にしない、表情を変えて伝える。楽しそうなときは楽しそうな顔をする。いい発言をしているときにはうれしそうな顔をする。何か人に迷惑をかけたときには、じっと押し黙ってその子を見つめる。教師の表情を見せるとは、そのような姿、教師の態度を見せるということです。

教師の表情を気にするあまり自分がなくなってしまうのでは困るし、やりすぎると子供もへこむから気をつけなければなりませんが、教師の胸の内に「たかが子供」という意識がないとできないことでもあります。このように言うと、上から目線のように思われるかもしれませんが、実は教師として大切な見方です。

自分に自信のない教師、子供におもねる教師は、「たかが子供」という意識をもてません。それゆえに、子供との関係が対等であるかのような気持ちになってしまいがちです。その意識が子供にも伝わり、自分も教師と対等だという意識を芽生えさせてしまうのです。

「先生ずるい」と、子供はよく言ったりするでしょう。これは、ある意味教師を対等に思ってしまっているときに口をついて出てくる言葉です。

しかし、当然のことながら、「ずるい」はずはありません。教師と子供では、そもそも立場が違います。

「先生ずるい、給食が多い」

「先生は体重が60キロあるけど、きみはどう?」

このような簡単な理屈がわからない子供もいるわけです。何となく対等だと思っている。

これみよがしに「ずるい」と口にする子供は、それによって教師がどのように反応するか見ている、試している面もあります。ですから、なおのこと子供の対等意識を払拭しなければなりません。

「では聞くけれども、きみらを前にして45分立ちっぱなしなのは誰?　45分座りっぱなしなのは誰?　先生はみんなと一緒じゃないでしょ?」

子供と同じ目線に立つことは大切です。そうでなければ、子供の気持ち、思いを尊重することはできません。しかし、子供と同じ立場に立ってはなりません。同じ目線に立つというのは、子供が見ている風景を教師なりに見るということであって、教師と児童という立場の関係性を対等にするものではないのです。

子供の考えに気をとらわれていると、いつの間にか教師が子供の立場まで降りて行ってしまいます。しかも、そのことに教師自身気づいていません。すると、次第に子供と対等であるかのように錯覚します。だから、「ああ、ごめんね。先生、気がつかなくて」などとつい謝ってしまうことになる。

教師だって気がつかないこともあります。だから、本来であれば、「気を配ってきみらを見ているけど、先生は手品師や魔法使いじゃないんだよ。だから、気がついてほしいことがあったら、ちゃんと自分から言ってね」と言わなければならないのです。それなのに、**「ごめんね、気がつかなくて」と言ってしまえば、今度は「教師の側が気がつくのが当たり前」になってしまうのです。このような誤った「当たり前」が子供と教師を不幸にする火種になります。**

まして、教師が子供と対等になって「あの子は手ごわい」などと思ってしまったら、その子に教育的な手を差し伸べられなくなってしまう。それこそ不幸というものでしょう。

ひねくれたり反抗したりして、してはいけないことをしているときには、「何を考えてこんな未熟なことをやっているんだ」と思ったほうがいいと思います。

それに、「先生は20年も30年も生きてきたんだぞ。10年やそこらで乗り越えられてたまるか」という気迫のようなものをもっていないと、心が折れてしまうこともあります。だから、私たち教師と子供は対等であってはいけないのです。

高学年の女の子たちの中には、先生を自分たちの思うように動かそうとする子もいます。とても巧みで、「先生をいじめちゃおうか」などと平気で示し合わせたりもします。その時点で、すでに教師との関係を対等か、むしろ下に置いてしまっている。つまり、「この先生なら、いじめても大丈夫だな」と思っているわけです。

ですから、そんな隙を与えないように、絶えず教師と子供の関係性を明確にしておく。**兄弟でも親子でもなければ、友達でもない。遊ぶときは一緒に遊び、フレンドリーにはなるけれども、フレンドにはならない**という関係性です。

子供といい関係を築くためにも、「私は教師、きみは子供、その関係は忘れるなよ」と常日頃から示し続けることが大切です。とくに若い先生方は肝に銘じたほうがよいでしょう。

教師の表情を読み取れる子供にする

子供への指導をどうすればよいかをまとめた本は、数多く出版されています。ケース・スタディのように「その場合には、○○と声掛けをするとうまくいく」といったスタイルです。

それはそれで悪いとは思いませんが、本質的とは言えない面もあります。その声掛けがうまくいくかは、教師の思いを推し量れるような感性への働き掛けが鍵を握るからです。「先生、きょうは機嫌がいいなあ」ではなく、「ぼくたちがこうしたら、きっと先生は笑顔になるはずだ」という感性です。子供自身は、意外と直接的な言葉とは違うところに反応していることのほうが多いのです。

逆に、子供が教師の表情を読み取ることができないと、いろいろなトラブルが起きます。先生が一人でいくらカッカしていても、子供は平気で授業中に騒いだり、立ち歩いたりします。子供の視界に教師が映っていないからです。

このとき、教師の表情を読み取ることができないのは、子供のせいでしょうか？　私はそう思いません。教師のほうが自分の表情を子供たちに見せるトレーニングを積んでいないからです。だから、子供にしてみれば、読み取りようがないのです。

普段、冗談を言い合いながら和気藹々と接することも、子供から好かれるためではなく、教師の表情を読み取れる子供にするという意図をもって行うのです。そういう学級にしていくわけです。

教室には、適正な秩序を守る役割を担う者が必要です。そして、それができる唯一の存在が教師です。常日頃から「教師である私は、どのようなときに笑い、喜び、腹を立て、叱りつけるのか」を見せ、一貫したパターンがあることを積極的に子供に見せていかなければなりません。

教師の表情を読み取れるようになりさえすれば、子供は、そのつど「いまは騒いでも大丈夫だな」とか「いまは静かにしていよう」などと判断することができます。すなわち、教師の表情の範囲内で自由に振る舞うことができるようになります。この「教師の表情」という制約は、子供を萎縮させません。「こういうときには、こうすればいい」という判断基準をもてるわけですから、むしろ彼らに安心感を与えます。

相手の表情を読み取るというのは、子供社会に限らず、大人社会においても必要なことです。殊に小学校時代には、相手の気持ちを推し量れるようになるための訓練の第一歩だと言って差し支えないでしょう。この訓練がきちんとなされないと、人の気持ちを慮ることができないまま大人になってしまう危険すらあります。

子供が教師の表情を読み取ることができるようになれば、教師も子供たち一人一人の表情を読み取ることが容易になります。なぜなら、子供も心にあることを顔に出してくれるようになるからです。

子供の思いや考えを聞き取る

子供の思いや考えを聞き取る。これが、学級経営をスタートするうえでの前提となると考えます。

4月、新学期といえば、多くの子はそわそわ、ワクワク感でいっぱいです。しかし、そうではない子もいます。いろいろな思いをもった子供たち。ポジティブな方向で考えている子もいれば、ネガティブにとらえている子もきっといるでしょう。

そこで、私は子供たちの思いや考えを聞き取るために、学級はじめの4月の段階からいろいろなことを書かせていました。といっても、アンケートではありません。学級づくりのための自作カードです。このカードは、学期のはじまりと終わりにそれぞれ行うので、年間およそ6回ほどになります。

たとえば、学級目標が「がんばる学級」であれば、「がんばる学級とはどんな学級か？」「自分が、いま一生懸命がんばっていると思っていることは何か」などという問いをつけた「がんばりカード」を自作させるのです。

名称は何でもかまいません。「友達カード」であれば「友達とは楽しく遊べているか？」、学期末であれば「勉強カード」をつくって「授業は面白いか？」「1学期を振り返って楽しかった授業は？」「この学期にがんばった教科は？」という問いに対して書かせるといった具合です。

また、問いかけには定型はなく、そのときの状況次第です。何か課題があったらそれをうまく盛り込みます。教師が学級を見渡して、「今度は、友達関係について聞いておこうかな」と思うことを問うわけです。

もちろん、どれだけ回数を重ねても、ほんの一言しか書かない子もいます。でも、それはそれでいいのです。

口では言えないとか、何となく人の悪口に思われるから言えないということを、書けるようにすることがねらいです。だから「これは絶対に他の人には見せないからね」と言って配るのです。

夏休み前くらいになると、「この学級について、あなたはどう思う？」「どんな学級をつくりたい？」「いままで自分はどんな子だったと思う？」「いままで一番がんばったと思う教科は何？　それはなぜ？」といった問いについて書かせます。

すると、教科指導上の課題、生徒指導上の課題双方の子供のニーズが浮き彫りになったり、自分がどんなニーズをもっているのかを子供自身が自覚できるようになります。また、子供自身が自分の学びを振り返る自己評価ともなるので、（あくまでも参考ではありますが）成績をつけるときに使えるポートフォリオにもなります。

学期末のカードでは、次の学期に「がんばりたいと思うこと」「がんばろうと思っているけれども、なかなか思うようにできないこと」を書かせると、子供はなかなかおもしろいことを書きます。以前、こんなことを書いてくれた子がいました。

「忘れ物は気をつけようと思っているのだけど、気をつけようと思っていることを忘れちゃう」

「おお、確かに」私は読みながら感心して膝を打っていました。「そうだよなぁ、忘れっぽいから忘れ物をするんだもんな」

書かせるということは考えさせること

例を入れたりして、子供が書きづらくないようにしてあげたり、ざっくばらんに多様な質問を用意してあげたりすると、子供たち自身も自分のことがより鮮明になるようです。

子供は、自分の行為にどのような意味があるのかを自分なりにちゃんと知りたいと思っています。そこは大人と変わりありません。ですから、「とにかく思いついたことを、なんでもいいから書きなさい」では、うまくいきません。大人でも、そのような示され方では書きようがないはずです。

だから、私は次のように伝えていました。

「みんなも楽しいクラスになりたいと思うだろうし、先生もいいクラスをつくりたい。だから、みんなのいろいろなことを教えてね」

つまり、「先生に協力してほしい」と訴えかけるわけです。「先生一人ではいい学級はできない。だから、みんなの協力が必要なんだ」

また、学級が持ち上がりであれば、「私たちの学級をどう思っているか」「これから変えなければいけないと思っていることは何か」「自分だけではなく、このクラスが変わらなければいけないことは何だと思うか」について問います。

書かせることで自覚させる。「ああ、そうか。私は実はこんなことを考えているんだ」と、心の中に表出させるのです。そういう時間はとても大切。子供たち自身の振り返りの時間、自分を見つめる時間となります。

書かせるということは、考えさせるということです。考えたことをどれだけアウトプットしたかではなく、自分や友達のこと、勉強のことについて真剣に考えさせることが

目的です。そのような思考は、学級をどうしていきたいかという思いに発展していきます。それが、いずれ学級への所属意識を育み、「私の居場所はここだ」という安心感をもたらします。

＊

若い頃は、グループ日記にチャレンジさせたことがあります。しかし、私の場合には、ちっともうまくいきませんでした。せっかくはじめても、結局は誰かが止めて、「先生、Aくんがもう1週間も止めています！」と不満の声。「私、書きたいことがあるのに…」給食の時間に大泣きしながらケンカをはじめてしまったり…。

そうした様子を見て「グループ日記はきついなぁ」「ちょっと、私には無理！」とさっさと諦めてしまいました。

そのような試行錯誤の結果、生まれたのが自作カードでした。

教師の意図のもとに書かせるのであれば、年6回だけでも、およその子供たちの状況がわかるし、子供たち自身が自分はどうなのかという目をもって、思考をアクティブにしていきます。自己評価への意識と学級への所属意識が芽生えるからです。

子供の思考は、いろいろなことが未分化です。これが事実でこれが考えだとか、きっと最初のうちはもやもや・ぐにゃぐにゃした感じで、一緒くたになっています。それが、書くことを通して考え、考えることを通して自覚が深まっていく。そうした過程で、自分自身や友達との関係、勉強やよりよい学級への意識が、きっと峻別されたり洗練化されたりしていくのだろうと思います。

「この学級の中に悲しい思いをしている子がいると思う？」

自作カードの効用は、それだけではありません。「あの子はいつも掃除をサボっている」とか、「陰で悪さをしている」といった放課後の情報も入ってきます。いじめなども、このカードをよりどころにして見つけることができます。といっても、「私はいまいじめられています。先生、何とかしてください」などと直接的に書いてくる子はいません。

そこで、子供たちが言いにくい最もネガティブな事柄を聞き出したいときには、次のように問います。

「この学級の中に悲しい思いをしている子がいると思う？」

さらに、次のような例示を設けておきます。

(例) ここに書きたいけど、なかなか書けないことがある。

すると、例示に促されて、「悲しい思いをしている子がいることは知っている。でも、直接的には書けない」と思っている子供が、「ここには書けないいけど…」と断り書きを入れてきます。

それが1人だけなら思い込みなのかなとも考えられますが、3人、4人となれば、「何かあるな」と察しがつきます。

仮にもし「学級でいじめられている子がいると思いますか?」と直接的に問えば、「先生は、いじめを疑っている」ということが伝わります。「先生はいま動いているな」「情報を集めている」と思われた時点で子供たちは口を閉ざします。

すると、いじめは教師の見えない奥深いところに隠れてしまいます。ですから、子供たちには決して悟られないように情報を集めておき、忍び寄って、いじめている子の足元をスッとすくわないと、いじめを解決することはできません。むずかしいものです。

そこで、「今学期、一番楽しかったことは?」「運動会のときに自分で一番がんばったことは?」「教科の学習で楽しかった授業は?」という質問の中に、「この学級の中に悲しい思いをしている子がいると思う?」という質問を混ぜるのです。

ほかにも箇条書きにして丸をつけさせる方法もあります。訴えたくても訴えられない事柄であれば、「当てはまると思ったら○をつけましょう」と促します。

どの学級にも、いじめはあります。いじめの芽ではありません。いじめそのものです。

教師の目には見えなくとも、いじめはいつでもそこにある、そう思っておいたほうが賢明です。

意地悪な目線を向ける程度のものであっても、受けているほうは常に何かしら圧迫を受けています。それがいじめという具体の行動として深刻な状況になってしまったときにはもう遅い。そうなる前に「先生は気がついていないと思うけど、悲しい思いをしている子がいる」とか、「言いたいけど言えないことがある」という質問項目に丸をつけさせておいて、ほかの子供たちにわからないようにそっと呼ぶわけです。

その際、その子が○をつけたからという理由で呼びだすことは絶対にしません。「お！Aさん、ちょっと手伝って」と適当な用事を見繕って頼み、職員室に来たところでそれとなく聞くわけです。しかも、○をつけた直後ではなく、3日、4日経ったあたりに声をかけます。

手立てとしては、こうした対応が一番だと思います。先生が35人、40人をいつも見て、判断して、後ろをついていってだなんて、まずできませんから。

だから、とにかく思いを、願いを書いてくれるように促し続けます。

教師を演じる

子供をその気にさせる。それが、教師として果たすべき最も大切な役割です。子供が自分の感じ考えたことをもとに自ら動けるようにする、そのために必要な手立てを講じることです。

明確な意図はあるけれど一方的な指導、子供には心地がよいけれど方向性が曖昧な支援とも違う、近年言われるようになったファシリテーターとしての教師です。

そのために必要なことは何でしょうか？　子供と一緒に、喜ぶときは本気で喜び、悲しむときは本気で悲しみ、叱るべきときは本気で叱ることでしょうか？

一見すると正しいように見えますが、いつもフルパワーで喜怒哀楽を出し続けていたら、教師といえども流石に身がもちません。それに、感情的であるということは、瞬発的であるということです。すぐに短気を起こしてしまう人は、教師には向きません。

感情豊かであることは、教師としての正しい資質と言えますが、問題はその喜怒哀楽が本音であってよいのかということです。ここに演じることの重要性が隠されています。感情豊かであることを演じて、子供をその気にさせるのです。

昔から、「教師は医者で、易者で、役者である」などと言われます。子供が何か困っていることがあれば解決の手を差し伸べる、子供が将来必要となる力は何かを占う、子供が道を外さぬよう喜怒哀楽を演ずる。中でも、集団づくりをしていく上では、役者としての教師がとても大切なのではないかと思います。

たとえば叱るとは、感情に露わにして怒ることではありません。怒る姿を演じて、「先生は本当に怒っているんだ」と思わせることです。つまり、怒ってみせることによる指導効果を狙っているわけです。

ですから、子供が生意気なことを言って、教師を刺激したときにも、まずは感情をいったん飲み込まなければなりません。5秒間、じっと黙るのです。それを実践するだけで、怒りにまかせた体罰は起きません。およそ手が出るのは3秒以内。5秒を過ぎると、あげようと思ってもなかなか手は出せません。

子供のほうも、相手を怒らせようと思っている節があるので、その場で瞬間的に大声で怒っても頑なに心をガードします。しかし、ちょっと間が空いてからだとどうでしょう。「さっきのはどういうこと？　ちゃんと説明して」と冷静に言われると不意を突かれた格好になります。

結局、相手のきついところをえぐって反省させるほうが、感情的になるよりもずっと効果的です。ボディブローのように効くのです。そうした叱り方も、演じる手法の一つです。

叱るにせよ、褒めるにせよ、子供の心に入り込み、子供を動かすことが、ファシリテーターとしての教師の役割です。

＊

「わあ、いいねえ、それやってみようかな」「ええっ、困ったなあ」「すごいじゃん」と声をかけながら、少しずつその気にしていくわけです。そのための教師の喜怒哀楽の表現であり、それを状況に応じて使い分けることの重要性がここにあります。

感情的になるのではなく、表情を感情豊かにするということなのです。

とにかく笑わせる

これは学級経営の基本中の基本です。とにかく教室を子供たちの笑いで満たす。いまでこそ、すっかりオヤジギャクとなってしまいましたが、私はとにかく笑わせることをよく考えていました。

笑うというのはやっぱりいい、すごくいい。教室中に充満した負の空気を一瞬にしてかき消してくれます。人を貶めて笑うのは厳禁ですが、そうでさえなければ、「楽しくやろう」「嫌なことは笑いで吹き飛ばしてしまおう」と促していました。

「きのう、先生、ドブに足をつっこんじゃってね」と他愛のない失敗談を披露するのでもよいのです。理由なし、理屈なし、笑わせ方のルールなし。とにかくたくさん笑うということです。

人を貶めた笑いは、口元だけを動かす笑い。私が求めるのは腹が動く笑いです。それも、クスクスッとではなくて、ドーンと笑わせないと気が済まない。

それは教科調査官となったいまも同じ。地方などでの講演の際、年配の参観者が多い場合には、オヤジギャグ炸裂。

「現在、文科省は、言語活動を充実して、クリティカル・シンキングといった能力向上の重要性を述べていますが、みなさんはご存じですか？　クリ、クリ、クリスタルキングじゃありませんよ？」などと言うと、会場からクスッとくる。さらに、「いま、笑った先生は45歳以上ですねっ」と追い打ちをかければ、今度はドッと湧くわけです。

こと笑いに関しては、大人も子供も一緒。笑う集団というのは安全・安心。逆に、笑わない集団は怖いのです。腹の中に笑いを妨げる嫌な何かが溜まっているからです。

互いの成長を喜び合う

子供の成長を喜んでいるのは、なにも教師だけではありません。跳び箱が苦手なあの子が二段も飛べた。すると、「先生、Aさんが二段も飛べたよ」と知らせに来る子がいる。それを喜ぶ子、Aさんを褒める子がいる。そんなとき、提案するわけです。**誰かの「嬉しい」は伝播する、みんなの「嬉しい」になるのです。「よし、きょうはお祝い給食だね。どこでやろうか？」**

子供たちは大喜び。「先生、きょうは砂場の周りは？」と提案してきます。こぼしたり、落としてビンを割ったりするから、高学年でしかできないし、他の学級のことを考えると、そもそもやってはいけないことだったのかもしれません。（いまは反省しているのですが）ある年の私の学級はこんなお楽しみ給食を勝手につくってやっていました。「今日はAさんが二段飛べたお祝いだよ。さぁ、乾杯！」

お祝い給食自体は、大人の目から見れば、単に場所を変えて、ピクニック気分で食べるというだけのことです。しかし、彼らにとっては、いつもとは違う非日常であり、特別なこと、ワクワクすることだったのです。牛乳を片手にみんなで乾杯して、喜びを分かち合います。

お祝い給食

本当のところは、給食でなくたってかまいません。あるいは、教室内で輪をつくるなどの変化でもよいのです。学級の誰かの「よかった」「うれしい」「すごい」をみんなで分かち合えれば何だってよかったのです。

このようにして、1人が何かうまくいったら、みんなで喜ぶという関係性にしていく、学級というチームをつくっていくのです。

ただ、あまり頻繁にやるとありがたみも薄れるから、お祝い給食に値するかを教師が裁定を下します。

「う〜ん、そんな程度のことじゃ、まだダメだな。よし！　みんなが一斉にできたらやろう」こんな調子で、頻度としては月一ぐらいでしたか…。

校庭のあちこち、屋上など、いろいろなところでやっていました。それにしても不思議だったのは、彼らの一番の人気スポットは体育館。でも、夏の体育館って何か汗臭い。何でこんなところで食いたいんだよ、と思っていましたが、みんなとてもうれしそうに食べていたから、まぁいいかな…と。

教師としてのテンションは、ローから徐々にシフトチェンジ

朝、教室の前に立つ。自分なりの教師像を頭の中で思い描く、一気にテンションを引っ張り上げて「よし！」と教室に入る。そうした気合いを否定するつもりはないのですが、私はあまりお勧めはしません。

教師だって人間ですから、ときには二日酔いのときもあります。プライベートで悲しいことがあって落ち込んでいる日だってあります。それなのに、「私は教師だ！　笑顔を絶やさないぞ」などと無理をしていたら、いつか壊れてしまうでしょう。朝から一気

に自分をつくって子供の前に立つと、教師側から一方的にエネルギーを出力することになりますから。

一方、子供は、エネルギーの固まりです。だったら、無理に自分を引き上げたりせずに、子供から分けてもらえばよいのです。私のほうがしょぼくれて教室に入っていっても、あの子は今日も元気だなぁ、いい笑顔をしているなぁ、あの子のとぼけた顔とかを見ていると救われるなぁなどと思っているうちに、次第にテンションをもち上げていけばよいのです。

何か嫌なことがあったら直線的には行かない。廊下から外の風景を眺めて自分をクールダウンさせる。教室に入ったら子供の顔を見渡す。朝からイライラしている子供、けんかしている子供の放つエネルギーははねのける。逆に、「あの子はきょうもがんばってるなあ」とか、いいところを選択して、アルファ波みたいなものをもらっていく。ゆっくりでよいのです。朝は素のままで教室に入っていって、子供とのやりとりを通じて少しずつもち上げていく。車だって最初からトップギアから入ったら故障してしまいます。

子供は、いつも熱を発しています。そのエネルギーをまともに全部受けとめるとすごく疲れます。しかし、それをうまく利用することができれば、二日酔いの日でも、ちゃんと教師として1日を乗り切れます。

教室では、毎朝いろいろな電波が飛び交っています。元気電波、しょんぼり電波、イライラ電波、ぼんやり電波など、様々です。そうしたバラバラの電波が、教師というフィルターを介して、少しずつ調和が図られていく。そのプロセスを通じて教師自身のテンションをもち上げていく。このような教室内で飛び交う電波のよい循環をつくっていくことが肝要なのです。

このような循環は、教師自身の力技でつくり上げるものではありません。子供たちのその日の調子をよく見定め、自分の中で咀嚼し、それを子供たちに投げ返す。そのお互いのやり取りによって生まれるものです。

子供と真剣に向き合っていれば、評価は後からついてくる

子供たちとの関係づくりにおいて、私自身、本当に数多くの失敗をしてきましたが、改めて振り返ってみると、共通項というか、ひとつの傾向があるのだとわかってきました。それは、こういうことです。

「自分がどう見られているのか、先生方の評価を気にしすぎていた」ということです。

「澤井さんは、頼りないなぁ」などと思われたくなかったのです。教師は、つい隣の学級と張り合ってしまうものです。朝礼などを見ているとよくわかります。自分の学級の子供だけフラフラ揺れていると、気になってしょうがない。「ちゃんと立ちなさい。恥ずかしいでしょ」と怒ってしまう。

でも、恥ずべきは、子供たちの行為ではなく、その教師自身です。いかにきれいごとを並べ立てていても、内心は縄張り意識、セクト意識みたいなものが働いてしまう。このように旗を気にしてしまうと、子供との関係を間違えます。そういう若さゆえの失敗は、誰にでもあるんだろうなと思います。

私が教職に就いた1年目。遠足に行くときは、キチッと並んで歩かせる。無駄なおしゃべりはさせない。「ほかの学級に負けるな」そんなことばかり考えていました。

もともと教員養成系の大学出身ではなかったし、民間企業からの転職組だし、コンプレックスを抱えたまま子供たちに接していました。「みんないい子たちにしなければならない」そんな思い込みに縛られていたのです。

そんなある日の朝礼での出来事です。私はいつものように「おしゃべりしない！」と子供たちを叱咤していました。その朝礼が間もなく終わりのころ、列の真ん中当たりに立っていた子が、なんだかモゾモゾしていることに気づきました。

私はその子にもとへ行って、どうしたのかと聞いたら、ふり絞るような声で「おしっこ…」と言うのです。「もう終わるから」私はそう言って、トイレに行かせませんでした。

そのあとの出来事は文字にすることすら、つらくてできません。

私は、あの日のことが忘れられません。おそらくこれからも生涯忘れられないでしょう。

自分は何をやっているのだろう。なぜすぐにトイレに行かせなかったんだろう。相当我慢していたはずなのに、なぜそのつらさに気づけなかったんだろう。自分はいままで、この子たちのいったい何を見ていたのだろう…。

そのころの私は、自分のしていることがまるでわかっていなかったのです。私は、子供たちを見ていなかった、大人の言うことを聞くロボットをつくろうとしていたのです。子供たちのために教育していると言いながら、自分の学級の子供たちが褒められたい、立派な子供を育てていると自分が思われたいという欲求に囚われていることに気づきました。

何を大切にすべきかを誤らない、そうした判断力が、教師には必要なんだということに気づきました。

そもそも**評価は人によって、角度によって違う。周囲の人から「あの先生、素晴らしい」という評価があったら、それと同じくらい「あの先生、問題点がある」と思われている、それくらいに割り切ったほうがいい**と思います。

自分への評価を気にして、神経質になったり不安になったりする必要など、本当はないのです。心ある誰かが、あなたの気づかないところでちゃんと見てくれています。だから、子供と真剣に向き合っていれば、がんばっていれば、評価は後からちゃんとついてきます。

＊

光と影のバランスが、人間には必ずあります。もし光の評価ばかりを受けようとしていたら、周囲の目ばかり気にする八方美人の教師になってしまうでしょう。かつての私のように、目の前にいる肝心の子供の姿が見えない教師に…です。

第2章

子供の思考をアクティブにする「問い」の指導

―学級経営の基本姿勢

教師の手の内は明かしたほうが子供は迷わない

教師の手の内というと、「内」なんだから子供たちに知られてはいけないもの、虎の巻のように隠しもっているものだと考える方は多いのではないでしょうか。しかし、私は子供にすっかり明かしてしまったほうがいいと思っています。そのほうが、無用の誤解を生まないし、何より子供自身が迷わずに済みます。

たとえば、次のような案配です。

帰りの会、「あしたはプールだから、水着を忘れないようにね」と声をかけたものの、翌日は生憎の曇り空で気温が上がらない。

「残念だけど、今日はプール中止だね」と告げると、子供はよく次のように言います。

「あ〜、うそついた」

子供にしてみれば、「先生、うそつき」となるわけです。

このようなとき、「うそじゃありません！　仕方ないでしょ！」と言ってもいいことはありません。子供は納得しないし、教師への不信感につながることだってあります。

子供は、必ずしも教師の揚げ足を取ろうとしているわけではありません。昨日は水泳を行うと言っていたのに、今日は行わないと言ったわけだから、子供にしてみれば「うそつき」なのです。これは、教えておくべきことを教えていなかった教師の不手際が、子供に「それはうそだ」と思わせてしまっているのです。

水泳は、その日の天候などの状況が満たなければ中止になる。これが根本的な学校としての約束事です。だから、当日になって悪天候のために中止になってしまうというのは、プールに入れる基準を満たさなかったからです。すなわち、状況が変わったから結果が変わったということです。

大人であれば、誰に言われなくてもわかることです。しかし、わからない子供にしてみれば、教師が口にする「しょうがないでしょう」の言葉は、その教師のわがままのように受けとめてしまうのです。だから、教師はなぜそうするのか（言うのか）、その指導意図をきちんと説明しなければなりません。すなわち、「こういう場合はこうなるよ」「なぜなら…」と事前に説明しておくことが大切なのです。

学級に視力が低い子がいる場合などでは、「Aさんは、黒板の字がよく見えないから、前のほうに座ってもらうね」ときちんと説明しているはずです。しかし、こうした目に見えること以外については、意外と説明されていない気がします。

「えこひいき」なども同様です。

子供は、たとえばBさんとCさんとで教師の対応が違ったりすることにとても敏感です。些細なことであっても、我慢できずにこう言います。「先生、ひいきだ。ぼくのときは怒ったじゃないか」と。

　こうしたことも、個人差への対応とえこひいきの違いがわからないことに原因があります。このようなとき、私はたとえば次のように説明していました。

「Bくんは先生に怒られたら、ショックを受けて落ち込んじゃう？　本当？　たぶんそんなことないでしょ？　昨日だって、いくら先生が怒っても平気な顔して笑っているくらいだもの。でも、Cさんはどうだと思う？　もしかしたらショックで学校に来られなくなっちゃうかもしれないよ？　そうなってもいいと思う？　きみとCさんとでは（受け止め方が）違うんだから、同じ叱り方にはならないんじゃない？」

　ほかにも、「先生は、Dさんばかり褒めてずるい」というのもあります。

「Dさんは、恥ずかしがり屋な面があって、これまで発言が多くなかったよね。そのDさんが、手を挙げて発表できたんだ。先生、そのことを知っているから余計に褒めたんだよ。きみはどうかな？　『もう少し考えてから発言してね』と言ってるのに、指名もしていないうちに話しはじめるよね。それなのに、発表したときの褒め方がDさんと同じでいいと思う？　それって、本当に公平？」

　このように、もうさっさと教師の手の内を子供に明かしてしまうのです。

　そうでないと、「ずるい！」「ひいきだ！」「うそつき！」と、子供特有の単純論理で教師に攻め込んできます。だから、そもそも攻め込む隙を与えない。

子供は、性格差や肉体差、その子の事情を度外視して、量と質の平等に固執します。すなわち、公平の大切さ、その本当の意味を理解して固執しているわけではありません。**彼らはいつだって、本当は友達よりも誰よりも、自分を一番に可愛がってほしい、ひいきしてほしいと思っている**のです。しかし、それは当然のことながらままなりません。だから、いつしかこう思うようになるのです。

「自分だけひいきしてくれないのなら、誰のこともひいきしないで！」

彼らが平等に固執するのは、自分の言動の背後にこうした心象風景を隠しもっているからです。

しかし、物事のとらえ方は、状況によって変わってくるし、公平さ（公正さ）にしても、構成メンバーや条件によっても違ってきます。だから、子供には、そのつど、しかも何度も何度も、繰り返し、「ずるくもない」「ひいきでもない」「うそつきでもない」指導意図（手の内）を説明して理解させる必要があるのです。本当にちょっとしたことなのだけれど、とても大切なことです。

私は4月の最初から公言していました。「ほかの先生はわからないけど、私は人によって叱り方が違うよ。褒め方も違うよ。なぜだかわかる？」このように問うと、答えられる子などいません。私は話を続けます。

「それはね、きみたち一人一人にとって一番いいと思うことをするためだよ。国語は得意だけど、体育は苦手。自分の意見を言うのは苦手だけど、考えるのは好き。みんなそれぞれ違う。だったら、全員にとってそれぞれにとって一番いい褒め方、叱り方があるんじゃないの？　だから、叱り方や褒め方が違っても、それはえこひいきなんかじゃないんだ」

実際のところ、子供たちだって心の中ではわかっているのです。「幼稚園のとき、Aちゃん、牛乳が飲めなくて泣いてばっかりいたもんなぁ。みんな違うんだ。確かにそうだよなぁ…」と。なんとなくわかっているけど、自分の中でわだかまっている「ひいきしてほしい」という気持ちが邪魔をしてしまう。だから、その受けとめ切れない事柄をちゃんと理屈で落とし込んでやるのです。

このような説明をしつこくやっていると、子供たち自身も変わっていきます。いままでなんとなく見ていたAさんの性格やBさんの行動を、自覚的に見るようになります。

「私とあなたは違う。でも、それはおかしいことなんかじゃない。普通のことなんだ」とお互いの違いをちゃんと認められるようになっていくのです。

これは、学力向上においても、いじめ防止においても、計り知れない教育的効果があります。

外の世界への憧れや羨望が子供の心に火をつける

前章でも書きましたが、教師が自分の子供時代の体験談を話すことの効果は絶大です。それと同様に、教師としての体験談も大きな効果を期待することができます。

たとえば、次のような話です。

「先生ね、前の前にもった学級でね、女子トイレが詰まったことがあったのね。ある子が呼びに来たので見に行ったら、Aさんが自分のせいではないのに、便器に手を突っ込んで、トイレットペーパーの芯を取り出したんだ」

子供たちはびっくりしながら聞いています。私は話を続けます。

「誰が芯を落としてしまったのかはわからない。それなのに、Aさんは自分の手を突っ込んだのね。みんなだったらどう？　できる？　みんなが見ている前でできる？　その姿を見てね、先生は涙が出るくらい感動したんだ」

子供たち一堂しーんとしている。

「Aさんって、普段は大人しい女の子なんだよ。だから、みんな驚いてた。人間って、あるときに勇気って出せるんだね。勇気があるとかないとかって、最初から決めつけちゃいけないね。何かが起きたときに、生まれるもんなんだね」

子供の表情がぎゅっと引き締まるのが伝わってきました。

子供は子供の現実の中で生きています。その現実で起きた日常的なちょっとした出来事に対しては親近感をもつし、それに対して、「先生は、そのときにそれが大事だと思った」といったとらえは、子供たちの心の中にすっと入っていきます。

それは「ああしなさい」「こうしなさい」と子供に命じることではありません。体験談を通していいイメージをもたせ、自発的な意欲を発露させることです。

「あの学級はすごかったんだよ。子供だって、ここまでできるんだよなぁ」教師のこんな何気ない一言は、子供たちに何ともいえない感情を抱かせます。その感情には名前がついています。それはヤキモチ。

そんな**「いいなぁ」「うらやましいなぁ」という感情が、子供たちの心に火をつけ、前のめりにします。自分たちのことを認めてもらいたくて、「私たちのほうが、もっとすごいことができる」と教師に証明したくなる**のです。

こうした話は、なにも学級で問題がもちあがったから、もち出しているわけではありません。むしろ、本当に何でもない、ごくごく日常のふとしたときにした話です。

このとき、比較の対象を同じ学校の学級とするのはNG。「あの6年生はすごいね」「隣の学級はいいね」だと、子供たちに劣等感を吹き込みます。まして「下級生のほうがいいね」と言おうものなら、途端にすねてしまう。「先生はあの学級の子のほうがかわいいんだ」そんな意識が生まれます。

ですから、**比較相手は外側にいたほうがいい、むしろ見ず知らずの相手のほうがいいのです。そんな外の世界の子供たちへの嫉妬や羨望が、学級の結束につながる**のです。直接触れ合う関係性のものでない限り、イメージのもつ効果は図りしれません。「もっとすごいに違いない」と、子供のほうが勝手にイメージを膨らませます。だから、多少は脚色して話をしてあげてもかまいません。

私たち教師は、常日頃から「いい学級にしましょう」と口にします。子供たちも「先生がそう言うんだから」と何となく同じように口を揃えます。でも、実際には、(子供たちにとっても教師にとっても) なかなか思うようにいきません。

それは、「どんな学級だったら、私たちにとっていい学級なのか」を教師が伝えていないからです。だから、子供たちは知りようがないのです。標語としてわかっているだけで、「いい学級」をイメージできていないわけです。

ですから、子供自身が「いい学級とはどんな学級なのか」をイメージできるように、先生方には自分の経験を子供たちにいっぱい語ってほしいと思います。

「がんばれば乗り越えられそうだ」と思えるハードル

課題解決が大事だと言われますが、教師が与えるハードルが高すぎても低すぎてもうまくいきません。誰でもそうでしょうけど、高すぎれば「自分たちにそんなことできるはずがない」、低すぎても「そんなことをやってもしょうがいない」となります。

ですから、「自分たちだって、がんばればできるかもしれない」そんな気持ちになれる高さにボールを投げる。「むずかしいかもしれないけど、少し手を伸ばせば届くかもしれない」という高さです。

いまできることよりもちょっと高いハードルをイメージさせる、そのハードルを越えたときの素晴らしさ、喜びをイメージさせることが、課題解決へと向かう足がかりとなります。

「先生、前にこういうことがあってね」と切り出す。たとえば掃除の話です。

「みんななかなか掃除をやらない学級があったんだ。でも、ある子が『やろうよ』とほかの子供たちに働きかけて、朝、自主的に掃除していたことがあったんだよね」

このように情を揺さぶる話です。褒めるわけでもなければ、貶《けな》しもしない。まして、「偉いね」「立派だよね」などとは決して言わない。もし、そんな言葉を口にしたら、その瞬間に、話のもつ魔力が消え失せてしまうでしょう。

そうではなく、そのときに自分が感じたことをただ率直に口にすればよいのです。「いやぁ、先生そのとき本当に驚いたんだ」と。すると、「え！　先生、そんなに驚いたの？」と子供たちの耳がピンと立ちます。

褒め方・叱り方というのは、本当に難しいものです。

よく言われることですが、「Aさんのことを、Bくんがとても褒めていたよ」と間接的に言われると、Bくんから直接的に褒められるよりも3倍ぐらい嬉しく思うそうです。悪口も同様です。「Aさんのことを、Bくんが悪口を言っていたよ」と聞くと、怒りも3倍ぐらいになります。

いずれも、直接言われるよりも、人づてのほうがイメージが膨らむという点に共通点があります。

とにかく子供には「すごい！」と言わせたい

ドキドキ・ワクワクは、憧れがないと生まれません。憧れは、自分よりも力が強いとか、自分よりも頭がいいといった、「すごい！」と感じるものに対して抱きます。だから、教師はいい壁であってほしいと願っています。子供たちは「先生、すごい！」と誇りにしたいと思っています。「自分もいつか先生みたいになりたい！」と憧れをもちたいと思っています。そして、「ドキドキ・ワクワクのある毎日を送りたい！」と願っているのです。

どうかぜひ子供たちの願いに応えてあげてほしいと思います。

サッカーが得意なら子供たちに混じって華麗にシュートを決める。野球が得意なら軽くホームランを打ってしまう。ピアノがうまかったら弾いて聞かせる。何も思いつかなければ、授業で「おぉぉぉお」と言わせる仕掛けを考える。要するに、子供たちから「すごい！」と思わせることができれば何でもいいのです。

私は学生時代バンドを組んでリードギターを担当していたので、ギターを弾きながら歌を歌っていました。教室にギターを置いておいて弾いていると、子供が集まってくる。「すごーい」なんていった瞬間に、ちょっと難しそうなことをして見せるわけです。

ほかにも、こんなことがありました。

国際交流の一環で外国人をゲストティーチャーとして呼んだとき、決まった英語の文章をあらかじめ暗記して、授業の最初と最後にゲストティーチャーとペラペラとしゃべる。「ああ、オーケー、オーケー」とか言っていると、子供たちから羨望の眼差し。ボロが出る前に覚え込んだ文章を言うだけ言って、ささっと授業を終える。

他愛のないことのように思われるかもしれませんが、こんなことでよいのです。子供たちに、「先生、すごい！」って、1年のうちに何回言わせることができたか。それが子供たちにとってのいい壁となれるか、勝負の分かれ目だと思うのです。

作戦会議で一緒に悩む

失敗から学ぶと言われますが、その裏側には成功体験が隠れています。すなわち、その失敗から見つけた課題の解決に成功したからこそ、人ははじめて「失敗から学べた」と思えるのです。ですから、闇雲に「失敗など怖れるな」と口にするだけでは何のアドバイスにもなりません。

そもそも失敗続きでは、嫌な気持ちになってしまいます。やる気だって起きません。まして、責められようものなら、自尊心は傷つくし、萎縮するばかり。いいことなど何一つありません。

そうかといって、「しょうがないな、気にしないでいいよ」と安易に容認してしまうのもよろしくありません。それでは何度でも同じ失敗を繰り返すし、自分が悪いことをしたという自覚さえもてなくなるかもしれません。

だから、失敗そのものは許すのですが、どうすれば失敗しないで済むか、そこにはどんな課題があるのかを子供と一緒に考えることです。

たとえば器物損壊。「もう窓ガラスを割ったりしちゃダメだよ」と言うだけでは、いつかまた割ってしまうかもしれません。なぜ失敗したのかをその子自身が知り、自覚することが第一歩です。そのために、教師が問い、子供と一緒に考えます。

「なんで割っちゃったと思う？」

「ボールを力いっぱい投げちゃったから…」

「そうか、それじゃあ、どうしたらいいかな？　違う方法は思いつく？」

「強く投げないようにする…」

「それでも楽しく遊べる？」

「遊べない」

「ほかには考えられない？」

「うーん、校舎から離れたところで遊ぶ」

「よし！　じゃあ今度はその方法でやってみよっか」

なぜ失敗したか、子供自身が分析するのは大事なことです。どんなにいい方法であっても、その子の能力を超えたことであれば実行に移せません。そのような意味で、**その**

子にとってベストな方法は、いつだってその子自身の中にあるのです。だから、子供に水を向ければよいのです。

とはいえ、「どうしたらいいか考えてみなさい」と言うだけでは、子供は追い込まれて、「ごめんなさい。わかりません…」と言うほかなくなります。だから、一緒になって考えるのです。

「どうしたらいいかなあ。勢いよく投げたらガラスが割れちゃったけど、そうしないと楽しく遊べないし…。むずかしいね。何かいい方法はないかなぁ」という具合です。すると、不思議と子供の思考スイッチが入ります。

「どうすればよいか考えなさい」というのは一方的な指示、「どうしたらいいかなあ」というのは作戦会議。失敗から課題を見つけ壁を乗り越えさせるには、作戦会議をもつことです。

もし、Aという作戦でうまくいかなかったら、Bという作戦に切り変えればいい。その代わり、また失敗しても成功するまであきらめない。そうである限り、失敗は成功へのステップとなります。そのための作戦会議です。

自分なりに考えた作戦を駆使して、最終的にゴールにたどり着く。もし、ゴールにたどり着かなかったら、ほかの作戦を考えればいい。「きょうはここまで行った。でも、まだ足りない。今度はどんな作戦でいこうか?」

失敗を乗り越えさせるとは、子供自身が試行錯誤しながら成功体験を積むことです。そのために、「問い」を与えて一緒に悩むことだと言ってよいでしょう。

「一緒に悩む」というのは、額面どおりの意味です。本当に答えがわからないときはもちろんそうですが、答えがわかっているときでも、悩むふり（演出）をするということです。

たとえば、いくら注意しても忘れ物をする子供がいます。そういう子にただ怒っても効果がないことは、みなさんご存じでしょう。私が受けもった子供もそうでした。

そこで、私はかつて次のようなやりとりをしたことがあります。

「ノートを忘れちゃダメじゃない」と私は注意しました。すると、その子は、最初「なんだよ」という顔をしています。

そこで、「なんでノートを忘れたの？　寝る前にランドセルの中身を確認した？」と聞きました。

このとき、彼はどう答えたと思います？　しばらく考えてこう言いました。

「してない」と彼は答えました。「だって、ノートを持ってこなくちゃいけないってことを忘れたから…」

思わず「正解！」と言いそうになりました。「そうだよな。きみは、正しい」って。

彼は決して私に逆らって言ったわけではありません。彼なりに真摯に考えて「これが理由だ！」と思ったのでしょう。私はそのとき、自分の口にした問いの不適切さに気づかされたのです。

なんで忘れたの？という聞き方は、本質的には誰にも答えられない質問なのです。叱っている言葉ともなりません。それがために、応答がトートロジーみたいになってしまうのです。

そこで、この場合は「なぜ？」と問うても解決にならないと思い、彼が忘れ物をする経過を遡りながら、「どうすれば忘れ物をしないで済むか」ではなく、「どうすれば持ってくるべきものを持ってこられるようになるか」という観点から、一緒に考えることにしました。

「困ったよな。だけど忘れたときは注意されるからつらいだろう。みんなと同じことができなくて、嫌だよね。でも、なかなか直らないよな。何か、どこかを変えなければいけないんだと思う。ちょっと一緒に考えてみよう」

「はい」

「どうしたら持ってこられるかな」と一緒に考えます。生活のどこかに思い出すポイントがあるのではないか。

「家に帰って、まず最初にどうしている？」

「公園に遊びに行く」

「うんうん、そうか。すぐ遊びに行くのか。そのときランドセルはどうなっている？」

「机の椅子にかけてある」

「ずっとそのまま？」

「そのまま」

「そうすると、時間割をそろえるポイントを考えないとね」

　忘れ物をする子は、自分の行動を辿れないということがあります。

「じゃあ、可能性があるとしたらどこ？　思い出すとしたら、どこのような気がする？」

「先生、晩ご飯の前は？」

「晩ご飯…うーん、まだちょっと早い気がするな」

「じゃぁ、歯磨きは？」

「おっ、歯磨きか！　いいかもしれないな。それじゃ、ポイントは歯磨きにしよっか」

「わかった」

「いいかい、歯磨きのときに思い出そう。歯磨きをしながら明日の学校のことを考えるんだよ。さぁ、先生に続けて言ってみて。『は・み・が・き　あ・し・た・の・がっ・こ・う』」

　このように子供と一緒に悩んで方針を決定したら、保護者に連絡を取ります。

「いまAくんと相談して、『歯磨きしながら、明日の持ち物について考える』というポ

作戦会議

今度はどんな作戦でいこうか？
歯磨きのときは？
そうか歯磨きか。それでいこう

イントを自分で考えました。思い出すようにがんばってみると言っていますので、お母さんには、彼が実行しているか見てあげてください。うまくできなくても叱らないで、Ａくんができたことだけを褒めてください」

＊

実を言うと、恥ずかしながら私も忘れっぽいのです。子供の忘れ物を直そうとしながら、自分の持ち物チェックを忘れたり…。そのまま授業を進めて、後半で「いけない、先生、準備するものを忘れたね」となったり、「きみらが覚えているなら、先生に教えてよ」などと子供に頼ったりしていました。

教師である私にそんな面があるから、実は一緒に悩めるということがあります。教師のほうは完ぺき、子供のほうは抜け落ちだらけ、という関係だと思っていたら、怒りやじれったさがこみ上げてしまうかもしれません。しかし、私も穴ぼこだらけ。忘れたときの痛みも、切なさもわかる。

「まったく、きょうも忘れてしまった。切ないよな」そう言って解決策を一緒に悩む。そのためには、筋道をたどるしかない。こうした考え方は、忘れ物だけではない、いろいろな場面で必要なことだと私は思います。

判断基準としてのダ、メ、ライン

教師は子供の間に境界をつくる必要があります。

境界をつくるというのは、「ダ、メ、ライン」を敷くということです。しかし、ただ「あれもダメ」「これもダメ」と規則をいっぱいつくるということではありません。理由を言わせる、考えさせることをセットにします。

たとえば、授業に遅れて教室に入ってきた子がいる。そのとき、必ず理由を問います。「ちゃんとした理由があって、それを教師が認めればＯＫとする」というルールです。

そのためには、まず何が原則なのかを教師と子供とで共有することです。そのうえで、原則からは外れているけど、どのような場合であれば例外として許されるのかということを経験的に子供に学ばせます。

よく「〇〇することは禁止」と特定の行為を禁止基準とすることがあります。しかし、それではあまりうまくいきません。子供は額面どおり言葉だけを覚えてそれを守ろうとするからです。そのため、「禁止されていること」を目の当たりにするとすべてダメ、もしそれを教師が叱らなければもっとダメと、解釈してしまうのです。

「Ａさんが〇〇しているのに、先生は叱らなかった」となれば、「先生はえこひいき」「うそをついた」という発言に結びつきます。子供は自分に不利だと感じると、すぐそういった反応を示してくるものです。

もちろん「ダメライン」には、どんな例外も許さない「ならぬはならぬ」があります。いじめとか、クラスの中の友達が苦しむこと、つらい思いをすることは絶対ダメ、人がけがをすること、命にかかわる危険なことは絶対ダメです。

しかし、中には、このような揺るがない「ダメ」だけでなく、例外として許される理由のある「ダメ」があることも併せて理解させるわけです。

すなわち、「〇〇することはダメ」には原則と例外がある、そこには一定の判断基準がある、言葉の上では原則を外れているように見えても、それはうそでもなければ、ひいきでもない、「状況が変わったのだ」と子供が理解できるようにしなければなりません。

たとえば、授業に遅れないという「ダメ」。それが許されるか否かは理由次第。もし理由がなければ、なぜダメなのかを説明する。

「みんなを待たせる。1人1分遅れたらどうなるだろう？　30人いるんだから30分待たせることになるよね？」けれども、「きみが休み時間にすりむいて保健室に行って手当をしてもらっていた。それならみんな待つよ」。そういう言い方を常日頃からしておくのです。

すると、子供もだんだん慣れてきて、自分がそうしてしまったことの理由、自分の行為がダメな理由、どうすればダメではなくなるのかを考えられるようになっていきます。

「学級をよくしよう」という動機づけ、「こんな学級がいいな」というイメージづけと同様に、教師がその時その時に意図的に問うことで、子供自身が考える場面、判断する場面をつくるのです。

子供に判断させるというのは、その子自身に自分の立ち位置を決めさせるということです。そのような意味では、子供に求める判断とは、二者択一の選択に近いものだと思います。「いいか、悪いか」「〇か×か」

そのとき、一番大事なことは、ダメラインと同様に、「それはなぜなのか」という理由を考えさせることであり、述べさせることです。理由さえ妥当であれば、たとえ普段はダメだと言われていることであっても、「それはそうだよなぁ」とその子の考えを受容することができます。

行き先を方向づける

方向づけは、教師がイエスかノーかの微妙な境界ラインをいつも意識しておいて、理由づけをしながら、どちらなのかをいつも子供に諭す、伝えていくことです。それを今度は子供が、このケースではどちらなのかを自分で判断させ、その際に必ず理由を言わせるようにするのです。

このような訓練を続けていくうちに、いずれ「これはいい」「これはダメ」といちいち言わなくても済むようになります。子供たち同士が教師の代わりを務めてくれるようになるからです。

「Aさん、廊下は走っちゃダメだって先生が言ってたじゃん！」とBさん。「でも、なぜ、走ったの？」

「えーと、Cさんがお腹がすごく痛いって言うから、保健の先生を急いで呼びに行ったんだよ」

「そうだったんだぁ」そう言って、先生のところへトコトコと歩いてくる。「先生、Aさんは廊下を走ってしまったけど、それはCさんのためだったんです」

こんな調子です。

このようなやりとりが自然に生まれるためには、同じ問いを何度も何度もしつこく繰り返すことです。

「何のためにここでみんなで授業をするの？」

「みんながいる意味は何？」

同じ話も何度もします。

「何のためにみんながいるの？　一人ずつが力を合わせなければ、40人分の力は絶対に出ないからね」

「きょうは何人分の力が出せたかな？」

しつこいようだけれど、さらに問い続けます。

「あれ？　何のために、みんなで学ぶんだっけ？」

すると、子供たちの中に「あぁ、そういうことか」といった感じが霧雨のように染み込んでいきます。

子供の行き先を方向づけるというのは、私たちのこの学級がどこに向かっていこうとしているのかを子供自身が理解できるようにするということです。だから、私はいつも、「みんなで力を合わせて問題を解決する」と言っていました。

子供たちが自分で物事を考え、判断し、独りよがりにならず、友達の意見を聞きながら、自分自身の考えを再評価するという場面をつくり出すのです。それさえできれば、あとは子供たちが向かいたいところへ行くことも任せられるようになります。

学習指導になぞらえて言うと、「導く」が目標で、「壁になる」が評価規準。導くほうも、どこでもいいのではなくて、漠然とした大きい橋をかけます。

「みんなで力を合わせて問題を解決できる学級にする。これは生活も学習も同じだろう。40人がみんな力を発揮したら、すごくいい解決ができるんだ」といった感じ。いつでもそういう橋をかけておくことです。

教師のイメージを軸として、子供たちのニーズの輪をつくる

子供が向かうべき行き先は、あまり具体的でなくていいと思います。「ああしなさい」

「こうしなさい」という行動目標ではないからです。それに、あえて具体にしてしまうと、そちちに向かわなければいけないという不必要な誘導となり、無駄なプレッシャーを与えます。

そこで、考えたいのが学級目標です。

4月中に、どんな学級にしたいかを決めます。クラス替えをした学級か、もち上がりの学級かによっても多少は時期が変わります。前者であれば、しばらく見守っていて、どんな学級か、教師と子供の双方が何となくわかってくるまで待ちます。

子供に主体的に決めさせる先生もいるかと思いますが、私はそうしませんでした。子供たちだけで決めさせると、たいてい「明るい学級」「元気な学級」などに決まります。

しかし、**そもそも明るくて元気な子供たちであれば、立てた最初から既に目標が達成されているようなもの**です。それでは意味がないし、むしろ「きみらは十分に明るいよ。元気すぎるよ。もっと落ち着こうよ」などとよく言っていました。

このようなことから、私は教師主導で学級目標の決定に大きく関与していました。といっても、ある日突然、「学級目標〇〇でいくよ」と決めてしまうわけではありません。どういうふうに決めるかといえば、4月当初に行う「子供の思いや考えを聞き取る」ために子供に書かせたカードが生きてくるわけです。

子供たちがどんな思いをもっているのか、書かれたことをすべて頭の中に描きながら、

子供の思いを汲んだ教師のイメージを中心に据えて、子供の意見の輪をつくる

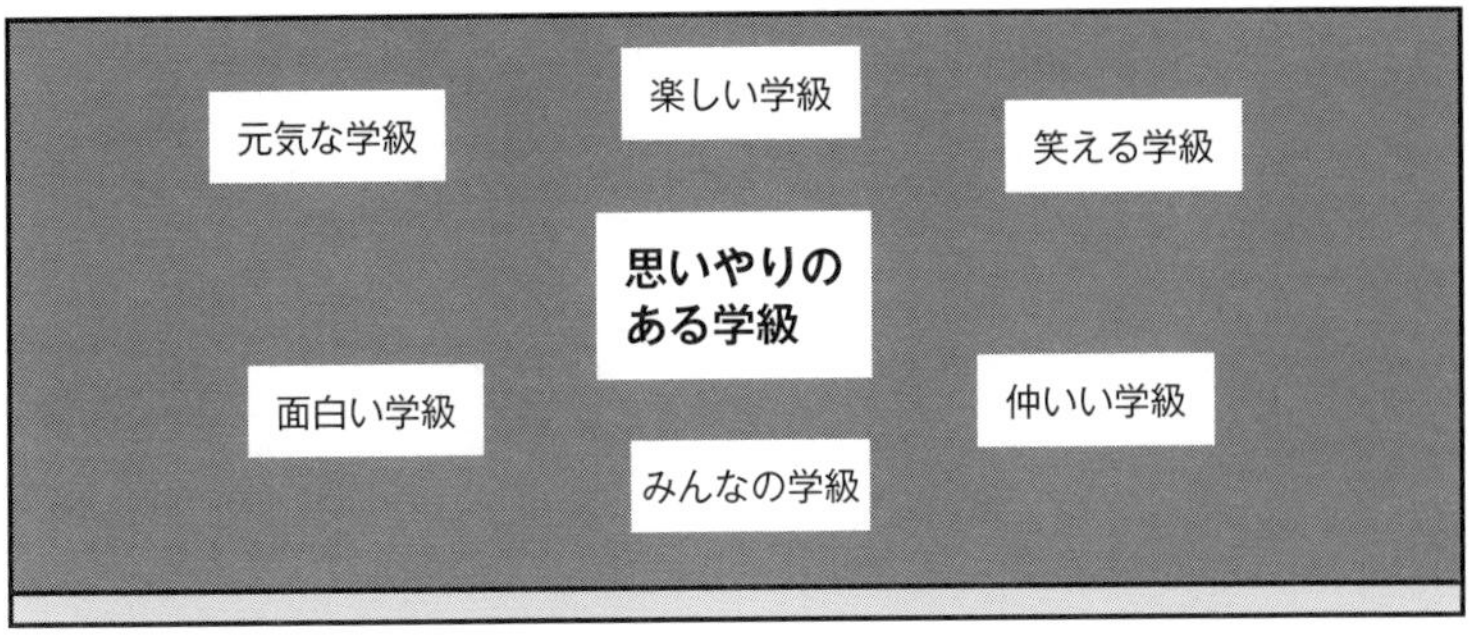

私の思いを加味して、学級目標を立てていくのです。「みんなで学級目標をつくってみようか。まずは先生からも一つ出すね。ちょっとみんなの案をつなげて組み合わせてみよう」と言いながら、黒板の真ん中に私の書いた目標を貼り出します。その周りに、子供がつくった目標を並べます。

学級づくりの軸は、みんなで力を合わせ、全員が活躍して何かを成し遂げる、友達の思いや考えをちゃんと受け止め感じ取る、そんなやりとりや優しさです。このような教師のイメージのもとに、子供たちのニーズをうまく抱き込んだ形でつくり変えていくわけです。

最終的に「思いやりのある学級」が目標となれば、「思いやりは思いではないんだよ。思いをやるんだからね」と理屈っぽく言います。「相手に届かなかったら思いやりにならないんだよ。自分だけで思っているときは、ただの思い。思いやりなのだから、ちゃんと相手にやらないとね」

4月当初、これで学級の方向性が決まります。夏休み明けは、子供たちの様子が変わったりもするのですが、1学期はだいたいこの動き出しで決まります。

＊

子供に下駄を預ける

「子供に下駄を預ける」とは、乱暴な感じがするかもしれませんが、要するに、自分で決めたことに、自分で挑戦していけるようにすることです。そのためには、下準備が必要です。何かを決めるためには、「自分がどうしたいのか」を知る必要があるし、挑戦するためには「どうすればよいか」を知る必要があります。

そこで、「どうしたいの？」「どこまでできたの？」「じゃあ次はどうする？」と問いを重ねていって、「僕はこれをがんばる」とか「私はこれはダメ」と子供に答えさせます。

たとえば、掃除などでも目標を決めさせて、最後にチーム評価をさせていました。

掃除は特別教室、玄関、というように場所に分かれて、ローテーションで行います。だからチームで動く。掃除のグループがみんな最後に「はい、終わりました」と言って集まる。班長だけいつもポケットに入れるカードを持っていて、司会をしながら「きょうはどうでしたか？」と1人ずつリフレクションします。

最後に班長が「床の汚れはとれたけど、棚の上がまだだと思います」と評価して終了。それを短時間で行います。掃除の時間を食って延々と話し合われても困るから、時間にして全部で30秒程度とします。発言時間は各自8秒、5秒、7秒、10秒といったところ。

それを毎回行わせます。すぐに慣れます。最初にリズムにしてしまえばできるようになります。

ここで大事なことは、今月の掃除の目標を子供たちに決めさせることです。たとえば、チャイムが鳴るまで絶対に手を休めない、集中する、床はピカピカに磨く、徹底的に隅をきれいにする、何でもいい、掃除の「一点こだわり目標」を書かせます。

実際には、それほどきれいにならなくてもかまいません。こだわればそれでいい。あの子は端っこだけピカピカに磨く。端っこだけきれいだから、汚いところがかえって目立つ。それだっていいのです。

「あいつ、すごいな。端っこのところ見てみろよ、あそこだけピッカピカ…」

私が勤務していた学校の各教室は、床が木タイルみたいになっていて、目地に細かいちりやほこりが詰まります。

それなのに、「今月は床の隙間をきれいにする」ことを掃除目標を決めた班がありました。「それは無理だよなぁ」と心の中で思っていましたが、あえて止めませんでした。彼らは、古代遺跡の発掘作業みたいに、床の目地に溜まったちりやほこりを延々とほうきで掃いていました。

でも、どうにもならない。なるわけがないのです。結局バタバタ動いているうちに、再びちりやほこりが溜まってしまう。どうやってもきれいにならない。でも、彼らは1か月間ずっと取り組んでいました。

私は、黙って見てました。自分たちで決めて取り組んで、1か月間やり抜いて、反省会で胸を張っているわけです。「みんな最後までやり続けました」と。

特別活動の指導原理に、「為すことによって学ぶ」とあります。結局「あー、ほこりがたまってるよな」「変わってないなぁ」であっても、それでいいと私は思います。教育活動としての掃除です。

自分たちで目標を決め、粘り強く取り組んで、結果としてこうなったと自己評価する。振り返りをすることは本当に大切なことだと思います。

教師としては、そんな姿を垣間見ながら「がんばっているね」「おお、いっぱい取れたなぁ」などと言いながら、でも「全体として、ほこりがなかなかとれないから、来月はちょっと考えてみて」とつぶやく。これは指導というより、つぶやきです。願いを口にしているのです。

今月の目標は床の隙間をきれいにする

すると、組織のリーダーである班長の耳がぴくっと動く。「確かに、あそこのほこりはちょっと気になるよね」などと言いだして、次の月には「今度は全体をやりましょう」と新たな目標を立ててきます。それは教師が命令したり決めたりしたのではありません。あくまでも自分たちで決めたことです。

もちろん、いい話ばかりではありません。「Aくんが掃除してくれない」とか、「Bちゃんは先生が来たときだけがんばる」といったことがあります。

子供たちが掃除をしているところを回りながら、反省会に顔を出すと、「Aくんが雑巾がけをちゃんとやってくれませんでした。振り回して遊んでいました」などとわざと教師に聞こえるように言う子がいます。

私は「ああ、そうか、それは残念だなぁ」と言って彼らに近づきます。「じゃあ、次のときも同じようだったら、先生がAくんを厳しく叱って直させるのがいい？　それとも、きみたちで直してもらうようにしたほうがいいと思う？　みんなで話し合って決めてね」と言って、その場から立ち去ります。そうすると、「みんなで力を合わせて問題を解決する学級」になっていれば、「教師に頼らず自分たちで何とかしよう」となります。

教師が説教してその子の態度を改めさせたとしたら、その子は教師との関係しか見えなくなります。すると、教師の目が届かなくなった途端に掃除の手を止めます。それに、これみよがしに「掃除してくれない」と告げ口した子と他の子との関係まで悪くなるのでいいことがありません。

子供たち同士で決めるのなら、流石に「ぼくはやらない」と言い出すことはないでしょうから、一応それなりにやるはやるのです。問題は、その後「どういうふうに」「どの程度」というところまで子供自身に考えさせないといけないところにむずかしさがあります。

日常生活の中で、しかも集団の中で、共に気持ちよく生活するために考えなければいけないことはたくさんあります。個人の生活と30人以上もの集団での生活の違いをどう理解させるべきか、教師の腕の見せどころと言ってよいでしょう。

ときには冷たくすることもある

掃除に関しては、私は一度だけ本気で怒ったことがあります。どれだけ問いかけて促しても、いくら注意しても、教室でキャッチボールをやめない子供が何人かいました。そこで私は彼らを叱り飛ばしました。

「もう掃除をやらなくていい」私はそう断言しました。「先生がいまから1人で掃除するから、どれだけの面積で、何分かかるか、丁寧にやったらどれだけかかるか、そこで見ていなさい！」

私は、机を動かすところから1人ではじめました。ほかの子たちが担当の場所の掃除が終わって戻ってきても、教室に入れません。

先生、なんか怒っている、いったい何をやったんだよ、と廊下がザワザワしているのが伝わってきます。

5人で教室全体を掃除するとなると、1人当たり面積がどれだけで、5人で割ると時間として何分で終わるか。逆にやらないと1人当たりの面積がどれだけ増えて、3人で同じようにきれいにしようとすると何分かかるか。

端から端まで私が1人で雑巾がけをする。汗びっしょりになってやる。むしろ、わざと汗びっしょりになる。一生懸命やると大変だということを、ただじっと見させる。

すべて終えた後は、「チャイムは鳴ったけど、先生1人じゃとても終わらない。これがどういうことかわかる？　5人いないと、掃除は終わらない。終わらなければ、みんな授業を受けられないんだよ。だから、きみたちは5人で1つのチームなんじゃないか」と彼らに言いました。

このときばかりは、教師に対して反抗的だった何人かの子供も、私の言うことを静かに聞いていました。

それ以上は叱りません。「よく考えて、あしたまた掃除して話し合って」と冷たく言い放って切り上げます。

ときには冷たくすることも大切な指導態度です。

子供たちの成長に寄与すべく情熱を注いでいる、愛情と同じぐらい深くかかわってい
る。にもかかわらず、冷めた調子で、ただただ反抗的な態度を崩さない子がいれば、「そ
うか、先生が言っていることを、そんな距離感で聞いているのだったら、先生はもう知
らないぞ」と本気で怒る。「どうすればよいか自分で考えなさい」と冷たく突き放す。

いつもは一緒に遊んだり、すごく楽しく過ごし、うんとかわいがる。しかしそういう
ときは冷たく接する。そうした緩急が必要なのだろうと思います。

許される範囲を体得しているから、子供たちに任せることができる

前節までに述べたことについては、気をつけなければならないことがあります。それ
は、「とにかく真似てやればうまくいく」と思って子供に接すると、とんでもないこと
になる場合があることです。ですから、突然怒り出して1人で掃除をすればうまくいく
というわけではありません。

本当の意味で、うまくいくためには、まずは「教師である私はこんな人間だ」とアピールし続けることです。

「1年間はつき合っていくんだ。せっかくだから楽しくやろうよ」

「先生とも心を合わせよう」

「友達同士仲良くではないぞ、先生と友達と仲良くだよ」

などと言いながら。

集団の一員として、学級を一緒につくるという関係性を築いていくのです。こうしたやりとり一つ一つが積み重なってはじめて得られる指導効果だと思います。

こうしたことは、断片的ではなく普遍的な事柄だと思います。前提としては、全員が力を出し合い、問題を解決する。本当は教師である私がリードしているのだけれども、「ほら、きみたちが決めたんだろう」と促しているわけです。

全員で力を出さなかったら、いい解決ができない。集団の生き方というのは、いつもそこにつながります。同じ出し方でなくてもよいのですが、それぞれがきちんと出してくれないとうまくいきません。

①教師によるゴールのイメージの提示と子供自身による自己評価によって、自分がどうしたいのか、どうなりたいのかが、何となくイメージできるようになっている。

②この学級の一員としてやっていくんだなという帰属意識と、もっと先生のことを知りたい、友達と仲良くするにはどうすればいいんだろうという好奇心が持続的に生じている。
③手を伸ばせば、何とか届きそうな高いハードルに向き合うことで、自分たちなりに話し合って打開していこうという機運が生まれている。
③教師が方向づけを行うことで、してはいけないことへの理解とともに、理由の示し方、どのような場合なら許されるのかをイメージできるようになっている。
④教師への好奇心が、次第に憧れに変わっていき、「自分をもっと知ってほしい」「先生に好きになってほしい」という気持ちになっている。

やりたいことと言っても、許される範囲がわからなければ、自分たちで決めようがありません。しかし、子供たちは、①~④の経路を辿る過程で、教師の表情を読み取ることができるようになっています（「ならぬものはならぬ」が浸み込んでします）。すなわち、許される範囲を体得しています。だからこそ、子供たちに任せることができるのです。これが、「下駄を預けてやりたいようにさせる」ことの本当の意味です。

そして、いざ事に及ぶときには、子供たちで小目標を決めます。大目標は教師主導で決めてあるので、小目標を解決していくという意識を、小さな桁《けた》で育てていくのです。

そうである限り、ほうきとちりとりで「床の目地をきれいにする」といった現実的でない月間目標でもいいわけです。

小学校学習指導要領は、「清掃などの当番活動等の役割と働くことの意義の理解」（「学級活動」2の〔共通事項〕）と定めています。

教室は、子供たちの部屋です。しかも、個室ではなく、みんなで利用する大部屋。すなわち、個人の場であるとともに、公共の場であるわけです。そうした自分だけの場所ではない教室をきれいにする意義を感じさせ、それがわかるようにしていくから、掃除は教育活動になるのです。これを霧雨のように行っていかないと、その「意義の理解」に届きません。

子供は、家でも掃除はしないかもしれない。子供に、「家中あなた1人できれいにしなさい」なんて、家ではさせないでしょう。せいぜい「自分の部屋くらいは自分でしなさい」といったところ。それは自分の使う場所だからです。

この理屈でいったら、教室でも自分の机と椅子の周りだけきれいにすればよいことになってしまう。それなのに、なぜ理科室の掃除までしなければならないのか。「僕は汚していないよ」という子供の発想に対して、「なぜ、理科室を掃除するんだろうね」と問いかけていく。それができるのが、学校というところなのです。

教師がいくら口で説明したところで、その子自身に自分の納得がなければ掃除をする意味はわからない、「先生に怒られるから」渋々やっているのでは意義の理解には届か

ないのです。

学級には「なぜ」と考えさせる場面が山ほどあります。その答えを子供自身がきちんとつくれるようにしていく。だから、たとえ子供が明らかにダメな行いをしていても、それがダメなこと、そしてそれはなぜなのかは子供から言ってもらいたい。

教師は「うーん」と困り顔を見せつつ問い続けるのです。

「それで、きみはどう思う?」と。

思いやりの耳と思いやりの目

授業中、細かな間違いをいちいち指摘する子がいます。友達がちょっとでも言い間違えると、それこそ重箱の隅をつつくような指摘をするのです。このようなやりとりを許容すると、せっかく活性化した話し合いが、しゅんとなります。

だから、私は常々「思いやりの耳をもとう」と言っていました。「たぶんこういうことを言いたいんだろうなぁと思いやって聞こうよ」と。

誰でも言い間違えることはあります。それをいちいち指摘しても、いいことなどありません。

また、教師に対しては、「思いやりの目をもとう」とも言っていました。「もし、先生が慌てて書いて、黒板の字を間違えていたら、思いやりの目だよ」

教師だって間違うことはあります。

だから、「そんなときには、そっと教えに来てね」と言っていました。

すると、こんな子が現れます。

教師は、子供の発言スピードに合わせようと、急いで板書することがあります。そんなとき、ひらがなの順序が入れ替わってしまったり、漢字の一文字が抜けたりしてしまうこともあります。

すると、授業中に、そっとやって来て、私の裾を引っぱるわけです。そして、その子に耳を向けると、小声で間違いを指摘してくれたりします。私は黙ってうなずき、黒板の字を直します。

当然のことながら、私が漢字を間違えたことは、他の子供たちにバレています。それでよいのです。「先生は、黒板の字を間違えたけど、みんなの思いやりの目が訂正させてくれた」という気持ちを共有できるからです。間違ってしまったのに、教室に温かな雰囲気が生まれるわけですから、いいことづくめです。

このことは、単に思いやりの大切さを子供に伝えるというだけにはとどまりません。

こうした**指導の本質は、モデルを提示することにこそあります。「誰かが間違いをしたら、**

こう対応すればいい」というモデルです。これは、自分が間違えをしたときにも、許される判断基準ともなるものなので、子供たちに安心感を与えます。

褒めるターゲットは部分、叱るターゲットは全体

子供をよく褒める教師はわりと多くて、その点はよいのですが、その褒め方だとなかなか伝わらないなぁと思うことがあります。そのように感じるときは、たいてい「すごいね」「立派だね」「うまくできたね」という言葉が褒め文句に使われています。

これらは、その子の行為の全体像についての感想を述べているにすぎません。子供にしてみれば、自分のいったい何を褒めてくれたのか、認めてくれたのかがよくわからない、抽象的な褒め方になっているのです。

子供に届く褒め方というものがあります。一番効き目があるのは、部分を褒める、具体を褒めることです。要するに、**その子がこだわっていることを褒めるのです。「先生、この間後ろから見ていたけど、Aさん、廊下でごみを拾ったよね。あれは大人でもなかなかできないんだよね」という案配です。**

一方、叱るときは、部分ではなく、全体を叱ります。廊下に落ちていたごみを誰も拾

わなかったということに対してであれば、「それで本当にいいの？」と問います。「ごみを拾わなかったのがダメだ」と言うのではなくて、「30人が通り過ぎたのに、誰も拾おうとしないというのはどうなの？　この学級は本当にそれでいいの？」という感じです。この場合、問うこと自体が叱ることにつながっています。

一般に、「褒める」「叱る」というと、それぞれ反対語のように思う人は多いと思います。しかし、教育的観点に立つならば、相反する関係性をもたない、全くの別物だと考えたほうがよいと思います。

「叱る」行為は子供たちに自分の行為を見つめ直させないといけない場面のとき、「褒める」行為はその子が次のアクションを起こすために必要な自己肯定感を与えたり、モチベーションを高めたりする場面のときに、それぞれ効果が得られます。

すなわち、「叱る」の反対側に「褒める」があるのではなく、それぞれ異なった効果をねらう別々の指導方法なのです。だから、褒めるのならば、その子が満足するような褒め方でなければ、意味がありません。

私は、やみくもに「すごいね」「立派だね」といった抽象的な褒め方はしませんでした。「ああ、いいね、がんばっているね」などと安売りはしません。

本当にその子の琴線に触れるような場面設定をすることが大切です。そこで、私は「先生は本当に素晴らしいと思ったときは、必ず『本当に素晴らしい』と口にするから」とよく言っていました。「先生は照れ屋だから、こういう褒め方しかできないよ」という感じです。これも教師としての子供へのアピールの一つです。

自分が褒められて嬉しいと素直に受けとめられるのは、自分自身のあり方や自分の行為が価値づけられたと感じるからでしょう。「わたしは価値があることをしたんだ。たいしたことはないと思ってやったことが、実はすごかったんだ」と思えれば、その行為はその子の明確な行動指針となり、次からも同じように振る舞います。

この価値づけは、「個」に対して行います。実は、**学級経営とは、個から学級全体を見渡せるようにして「集団」をつくり、その機能を高めていく過程で「個」が輝くようにしていくこと**なのです。

集団づくりを目指しながらも、「集団としてよくなった」という評価では、まだその学級は未完成なのです。最終的には子供一人一人がどう変わっていくかです。

個人については、その子の部分的な努力ポイントを褒める。一方、集団は努力ポイントではなかなか褒めきれない。だから、集団に対しては、その向かっている方向性の正しさを評価するのです。

たとえば、授業映像や教師の体験談という形で、最初に学級のゴールイメージを子供にもたせられれば、そして、そこに向かっているのだと子供たちに確認させればよいのです。だから個のモチベーションも上がるわけです。「私たちは、この方向性でこのまま続けていけばいいんだ」と子供自身が自分なりの納得をもつことができるからです。

いいことも悪いことも伝播していくものです。ですから、私は自作カードにこだわり、毎学期末にせっせとつくりました。子供たちに書かせるのではなく、教師である私が書くカード。その名も「サワイーマンは見た！　きみが今学期に一番がんばったこと」カードです。

通知表と違い、このカードは、ざっくばらんな教師の主観です。「きみのこれはよかった！」ということを、サワイーマンが激励してくれます。

この本を書くまですっかり忘れていましたが、私は子供たちからサワイーマンと呼ばれていたのです。

サワイーマンは、空を飛んでいく。その子のもとへ「がんばったこと」を伝えるために。12月の2学期末であれば、サンタのサワイーマンです。

サンタクロースのサワイーマンは、おなかに「あのね、あなたにいいたいことがあるんだけど…」と書いてある。そのおなかをめくると、「学習発表会、とてもよくがんばったね！」とメッセージ。

昔のことで記憶が定かではありませんが、社会科の授業、確か「古い道具と昔のくらし」中学年の単元で、何かの折に、ワークシートに自分の顔を描いて、空を飛ばしてみたのです。「昔のくらしに飛んでいってみよう」と。

サワイーマンは見た！　きみが一番がんばったこと

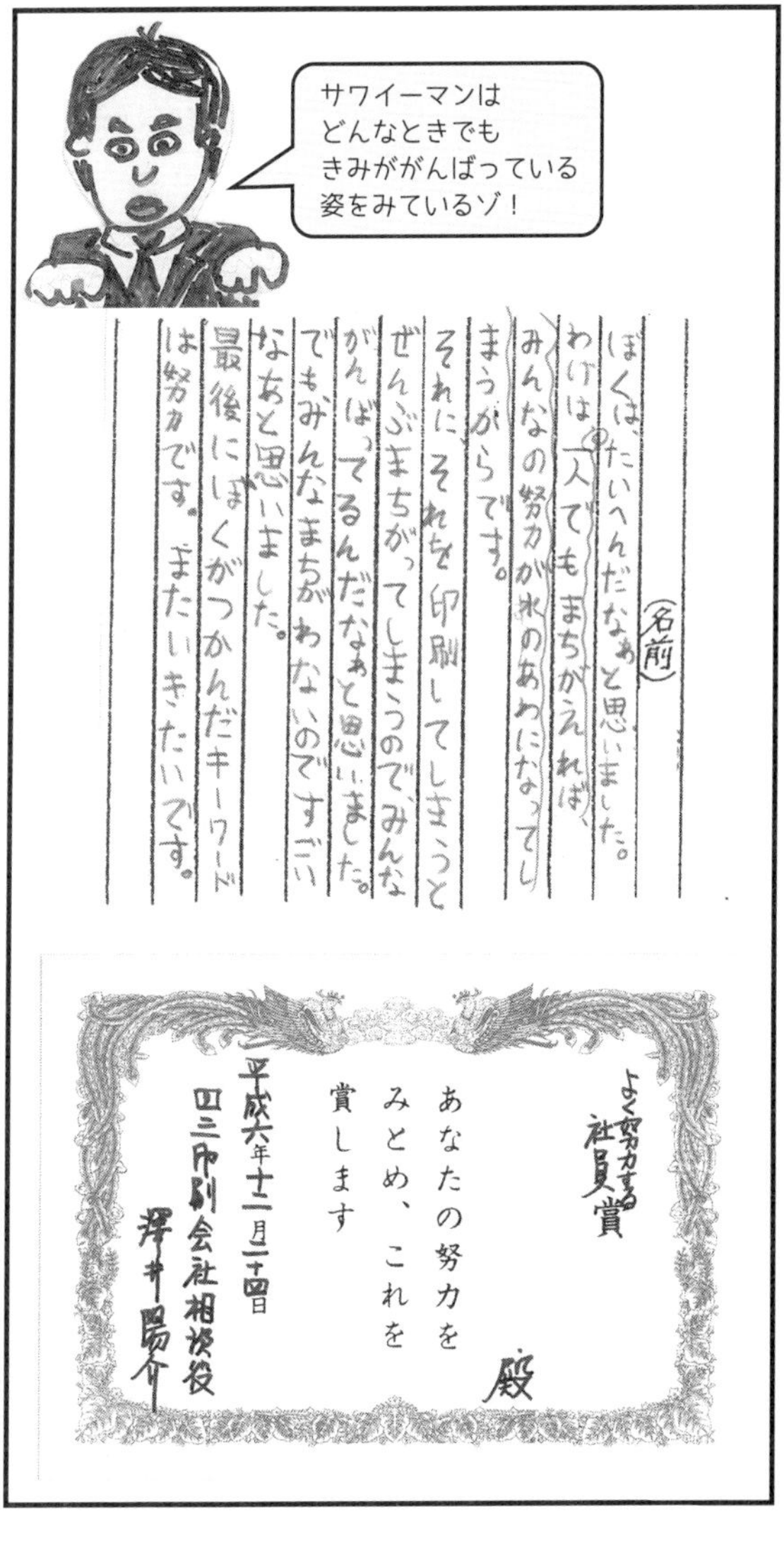
サワイーマンは
どんなときでも
きみががんばっている
姿をみているゾ！
名前
ぼくは、たいへんだなぁと思いました。
わけは、一人でもまちがえれば、
みんなの努力が水のあわになってし
まうからです。
それに、それを印刷してしまうと
ぜんぶまちがってしまうので、みんな
がんばってるんだなぁと思いました。
でもみんなまちがわないのですごい
なあと思いました。
最後にぼくがつかんだキーワード
は努力です。またいきたいです。
よく努力する社員賞
殿
あなたの努力を
みとめ、これを
賞します
平成六年十二月二十四日
四三印刷会社相談役
澤井陽介

すると、ある子が「あ、サワイーマンだ！」と口にした。私は、つい調子に乗って、次から胸にSマークもつけて描いてみた。スーパーマンのSではなく、サワイーマンのS。サワイーマンだから、みんなが困ったときに必ず現れる。サワイーマンには越えら

れない壁はない。空を飛んで助けにきてくれる。

これがたまたま子供たちに受けた。それからすっかり定着して、いろいろなところに登場するようになりました。

このカードには、通知表では伝えきれない「あなたの○○は素晴らしかった」「運動会のあの演技、最高」みたいに、少し友達っぽく褒めます。褒めるのはサワイーマンであって、決して教師である私ではないという設定です。サワイーマンは、子供たち一人一人のことを空から見ていたわけです。

サワイーマンは、学期末のカードだけでなく、授業でもいろいろな場面でも登場しました。「さっき、みんなのことをサワイーマンが後ろから見ていたよ」なんて言ってました。ちょっとした息抜き、お楽しみ。

夏休みには、サワイーマンはしおりになります。夏休みの読書課題。「サワイーマンを使ってね。読書は3冊だったよね」

一個一個手描き、一個一個切り抜く。家でも寝転がりながらチョキチョキ。しおりのサワイーマンを30人なら30人分つくり、学期末のサワイーマンをつくりと、年中サワイーマンをつくっていました。

サワイーマンの指導効果は予想以上に高かった。もしかすると「澤井先生」よりも…。

通知表はシビアです。保護者に伝えなければいけないものだから、課題についても触れなければなりません。どれだけ表現を工夫しても、通知表は子供との距離を遠ざけるときもあります。何が書かれているかによって親に叱られる子も出てきますから。
でも、伝えなければいけないことは、伝えなければいけない。「通知表は先生がみんなの学習状況や生活態度をちゃんとお家の方に伝える責任があるから、先生はきちんと見て書くよ」と私は子供たちに言いました。「でも、この学級にはもう1人いたじゃない？　ちゃんとみんなのことを見てくれる、サワイーマンが」

通知表とほぼ同時、学期末に渡していました。通知表を見てしょんぼりする子がいる。そもそももらいたくない子もいる。でも、サワイーマンだけは喜んでもらってくれる。通知表では厳しいことも書かれるけど、サワイーマンは温かくフォローする。いわば、裏の通知表みたいな感じです。

学年を超えて、サワイーマンは子供たちから受け入れられていました。中学年の子供たちは、特にサワイーマンを喜びました。

しおりのサワイーマン

高学年の子供たちには、スーパーマンの格好はあまりさせていません。いつも笑っているわけではない。むしろ無表情に近くて愛想がない。ネクタイ姿のサワイーマンです。そのほうが受け容れられた。今で言うところのキモカワイイみたいな感じだったのだろうと思います。

＊

平成4年、新宿の四谷でサワイーマンは生まれました。それから、教壇を去るまでの7年間、サワイーマンは子供たちを見守り続けました。

第3章

授業は教材4割、学級経営6割

―集団の学力を高める学級づくり

集団としての資質・能力の面積を広げる

一人一人の能力を伸ばすことが、学習指導の要諦であり、授業のめざすべきテーマです。そのために、大切にすべき視点は、集団の学力を高めることです。**集団の学力が高まるから、結果的に個々の能力が高まる、これが理想とする姿**です。

かかわり合いながら、補足し合い、助け合いながら、集団全体が育っていく、そんな授業が、子供たち一人一人が有する潜在的な能力を引き出し、より高次の能力へと引っ張り上げると思うのです。

新年度、私の初授業では、次のような話からはじめていました。

「これから1年間一緒に勉強するきみたちが、同じ学級になったのは、いったいどれくらいの確率なんだろう」

子供たちは、ちょっと驚いた顔をします。規模が大きすぎてうまくイメージできないだろうし、「先生はいったい何が言いたいんだろう」という表情です。

「日本の人口は、現在およそ1億３０００万人。そのうちの３５人が、偶然この教室に集まったんだよね」と私は大げさに言います。「それって、ちょっとすごいことじゃない？」

子供たちの表情が、「何となく、そうかも」というふうに変わっていきます。

「こんなすごい偶然の結果として、きみたちはこの場所にいます。偶然と偶然が掛け算で集まっているんだから、隣の友達の力を生かさない手はないと思うんだよね」

この時点で、子供たちは、私の意図を何となく感じとります。

このように、「なぜ学校という場所に集まるんだろう？」「なぜわざわざみんなで勉強するんだろう？」という疑問を共有することが、私の授業づくりのスタートラインとなります。

なぜ、学校という場所があって、そこにみんな集まるのか？　それは、友達と影響を与え合う、力を足し合い、掛け合うことで、一人では決して到達できない学びを実現できるからです。

個の力で、集中し、自力で学ぶことも、もちろん大切です。しかし、個々の力が合わさると、ものすごい力になる。これは、学級に限らず、いい組織はみなそういう構造をもっています。だからこそ、学校はやはり集団の力を高めることに力を結集すべきなのだろうと思います。

ずいぶん前に子供たちが個々のプログラムに沿って学習を進める手法が一部の地域で流行った時期がありました。子供がみんな背中を向け、自分の課題を黙々と解いていく。教師は、家庭教師のようにその子に合った助言を与える。このように、子供のプログラムに即して授業が動いていくという手法です。現在も、自学自習形式の学習塾がありますが、それに近い印象かもしれません。

この方法の課題点は、子供たち個々の能力差が飛躍的に開き、教室内に大きな能力格差が生まれてしまうことにあります。個を集団から切り離して、個の能力を個別に高めようとする学習に陥りがちな傾向です。この方法のみで学習を進め、その結果を肯定するならば、学級という場、学校という場そのものが必要なくなります。みんなで一つの場所にいる必要がないからです。

一人でじっくり考える時間は、もちろん大切です。しかし、それだけでは自分の視野に収まる範囲でしか、ものを見ることができません。自分で導き出した自分だけの結論で学習が終わってしまいます。

学級にAさん、Bさん、Cさん、Dさんがいる。それぞれに違った個性があり、ポテンシャルがある。たとえ優れた資質をもっていたとしても、習得するのに時間がかかる子もいる。友達と学び合うことでより理解を得られる子もいる。

こうしたなかで、個の学びに頼るだけでは、学習の到達度や理解の進度には、大きなバラツキが生まれます。学習には、次のステージへ移行する段階があるから、時間的な切れ目を入れざるを得ません。そのとき、「Aさんにとってはよかったけれど、Bくんにとってはよくなかった」で学習が終わってしまいます。

このとき、単純に平均値に到達すればよいとしてしまえば、知識の習得に終始してしまいます。ましてBくんにとっては、たとえ知識としては知ることができても、身につかないまま次の段階に進まざるを得なくなります。

集団で学ぶことの意味は、知識にとどまらない、もっと高次の概念に押し上げていける点にあるのではないかと思います。Bくんの足りない部分をAさんが押し上げる。Bくんを押し上げることによって、Aさん自身も押し上げられていく。平均値が上がるのみならず、学力の裾野が広がる。

教師の合いの手によって子供同士の学びを豊かにすれば、子供の思考や行動はよりアクティブになっていく。自力で学んでいこうとする主体性と、その学びを仲間と深めていける協働性、その双方を実現するディープ・ラーニングが形成される。そんなふうに思うのです。

単なる教え合いでは、他の子供たちよりも理解のスピードが早い子供の学びは、どこにも行けずに留まってしまうのです。教え合いと称しながら、理解の早い子がそうでない子に教えるという一方的な関係になるからです。

そうではなく、**より高次の交流学習は、みんなが伸びる余地のある「問い」によって形成される**のです。

「1＋1の答えは？」と問うたとき、とにかく答えがわかればそれでいいとするならば、

「答えは2です」と教えて終わりです。

1＋1の知識が増えるだけでは、確かな理解には辿り着けません。確かに理解するためには、いろいろな面からの確かめが必要です。そのためには、一定の幅が必要で、いかに子供たちの伸びしろを使っていくかが大事です。この伸びしろにより学び合うという行為が成立します。それは問いに対する答えが1つで明らかな場合です。

一方、問いに対する答えそのものが多様な場合があります。あの子の発想はこの子になかったから、「ああ、なるほどな」と。それが社会科の解。多面的にとらえることができる、間違いによって正しい理由がわかるという学びです。

問いに対する解には、正しさを求めるものと、納得を求めるものがあり、その双方があってはじめて学びが充実するのです。

だから、学び合いにしても、勉強の得意な子がそうでない子に教えてあげるということとだけではなく、子供それぞれの個性やポテンシャルのデコボコに互いのものをはめ込んでいくようなイメージです。

この子は稚拙、この子はもう豊か、だけど、話し合うことによって「なんだ、そんなこともあったんだ」と互いに納得を得る。あるいは「おお、すごい、そんなふうに答えが出た」となる。みんなが参加できるような話し合いによって、多様な答えの中から自分の答えを見つけていく、あるいは自分の納得を見つけていく、そんな学び合いです。

教育である以上、子供一人一人の能力を上げることがまず基軸としてあります。しかし、そのためには、一人の力では到達できない高みにいかにして達するか。その高さに到達するには、むしろ集団という帯の横幅を広げていくことだと思います。

「こんな見方もあるのか」という気づきの連鎖が、その帯の横幅を広げ、結果的に、思いもよらなかった第三の力が形成されていきます。そして、それこそが、みんなが一つところに集って学習することの意味・意義なのです。

私たち教師は、ついつい学級のよさを高さばかりで考えがちですが、資質・能力の帯の横幅が広がって最終的に面積が増えるという発想で授業を組み立てたほうがよいと思います。友達と競い合うことが知識の量だとするならば、面積の発想では学びの質が豊かになっていくというイメージです。

すなわち、**高みに至ろうとする縦のベクトルと、質を豊かにする横のベクトルの双方を合わせたものが学力**だという理解です。

量と質。3×7を九九算の結果でしか言えない子もいれば、3＋3＋3＋……というように3が7つと考える子もいる。答えの導き出し方がたった一つの子もいれば、多様な引き出しをもっていて、その中から一番合理的なものを選べる子もいる。

最終的には、多様な引き出しをもち、そこから必要に応じて引き出してきて、その中から最適な解を選択できる子供にしたいと教師は思っているわけです。

中には稚拙な方法もあるけれど、みんないろいろな方法でいろいろな答えをもっている。その中で合理的なもの、あるいは妥当性の高いもの、いま出すべき最適な解が何であるかを選べるような形で、学習を問題解決型にしていく。そうすれば、学級全体で子供たちの横幅が広がっていきます。

学力を縦のベクトルだけで考えるうちは、子供たちの資質・能力は、棒グラフ状になります。しかし、学び合いによって質が高まれば面積が広がり、だんだんと学びが肉厚になっていきます。

友達の意見を参考にしながら自分の学びを更新するといっても、最終的には自分の中で結論をつくります。理解の仕方、納得の仕方は、その子によって様々です。しかし、多種多様でありながらも、実は学級全体の学力の裾野は広がっていく。すると、子供たちの学びはいつしか、学び合う学びだけでなく、支え合う学びをも獲得していきます。

つまり、子供たちのその裾野の広がりの部分が共感であったり、学力の3要素でいうところの関心・意欲・態度を形成しているように思います。このことを集団の中で考えるならば、「Aさんっておもしろいよね」「Cさんの発想ってすごいよね」「Bくんはよくがんばったよね」など、まずお互いの特性をよく理解し合って、それが集団性を高めるというイメージです。

このような協働性は、集団の学力を間違いなく高めます。だからこそ、私やあなたという文脈だけでなく、みんながいることが授業にとって必要となるのです。

「すごいよ、Ｂくん、できるようになったじゃん」

「Ｂくんのように思ったことなかったよ。なるほどなぁ」

本当はＢくんがあまり勉強が得意でないことを子供たちは知っています。だから、Ｂくんがもし「いい発言」をしたら、みんなびっくりするわけです。その驚きは、みんなの満足感につながるし、何よりみんなに勇気を与えてくれます。

体育などではよくある風景です。逆上がりができなかった子ができたことで、みんなが喜ぶ。運動は目に見えるから、「できなかったことができるようになった」という事実がわかりやすい教科です。

みんなで応援しながら「上がった！」「回った！」「飛べたあー」と。できた子もうれしいけれど、仲間として応援してきた子もうれしいわけです。

実は、Ｂくんに教える過程でその子も上手になってくる。教えるんだから「しっかりしなきゃ」「がんばろう」と思える。だから、みんなちょっとずつ伸びていく。そして、できなかった子がグッと伸びると、みんなの喜びとなるのです。

ここが教師の評価のしどころです。「きみは、〇〇がうまいなあ」などといいところを探して褒める。やみくもにではなく、学級の中でそのデコボコのバランスを取ってやって、「あの子は〇〇をやらせたら最高」という雰囲気を学級につくっていくわけです。

たとえ、走るのがが苦手でも、○○だけはうまい。こうした得意分野は誰しももっているものです。たとえば、縄跳びだけはうまいとか。その子に向かって、「縄跳び、すごいな」と言えば、その子はがんばるわけです。その子にとっての活躍の場が生まれるし、教師が公言していることだから、周囲の子供たちも、その子が縄飛びする姿に目を見張ります。こうした関係性が教師の評価によって築かれているからこそ、子供たちの喜びが弾けるのです。

ダイヤグラムなどでも、面積を広げることに着眼します。チームワークの観点で1の子もいれば5の子もいる。もし1の子が2になるだけで、そのチーム全体の面積が広がる。このように、みんなで面積を広げるという発想でやったほうがいいし、それはさまざまな分野の面積があると考えたほうがいい。

学級の面積が広がることによって、結果的に個々の能力、知・徳・体の面積が広がっていく。すなわち、教師の役割は、個に接していながら、いかによりよい集団を形成していくのかにあるのです。

私の経験からいっても、何か電波の出し合いみたいなものが学級集団には存在しています。教師が一本釣りでカツオ一匹、二匹を釣るのではなくて、言ってみれば集団の養殖で、気がついたらみんな大きくなっていた。このほうが実感としてはあるのです。

＊

私たち教師が志向する学校教育の目的は、いかに子供たち自身が自分の考えを推し広げていけるか、どこまでも突き進んでいける視野をもたせられるかです。そうした視野を提供してくれるのは、日常的には教師を含む学級集団が中心になります。

一斉にすべきは一斉にして学ぶ、一人で考える時間も大切にして学ぶ。このような集団としての学びと個としての学びが行きつ戻りつするから、視野はどんどん広がる、自分の限界を越えて学んでいけるようになるのです。

教師と子供の双方が目標イメージを共有する

「いい授業をしたい」

教師であればきっと誰もが思うことでしょう。しかし、「がんばらなくちゃ」とただ闇雲に努力していれば実現できるというものではないように思います。いい授業にはそうなるだけの理由があります。

そこには、いろいろなアプローチの仕方があるのだろうと思いますが、私がよくやっていたことは、「よくなったときのイメージ」を子供たちにもたせることです。たとえば、学級はじめの段階で映像を見せるのも効果的なことの一つです。

世の中には、すごい授業があります。子供たち同士が闊達に意見を取り交わし、友達とのかかわりによって学びが深まっていく、そんな授業です。そうした授業を参観するために、私は学校側の許可を取ってビデオカメラを片手に研究会に参加していました。

そして、素晴らしいと思う授業を撮影しておいて、自分の学級の子供たちに観せるのです。特に、子供がとても活躍している場面をピックアップします（＊現在は、肖像権等の関係で許可が下りないこともありますが、学校が板書などを中心に撮影している場合もありますので、それを借りる方法もあります）。

たとえば、一人の子供が真剣に話している姿、それを前のめりにして耳を傾けている子供たちの姿が、ビデオ映像を通して目に飛び込んできます。

この手法は抜群の効果がありました。

私の学級の子供たちは、一様に目を見張ります。そして、映像の中の子供たちが自由闊達に発言したり、考え込んだり、本気で議論したりしている姿を観るうちに、「こういう授業を受けたい」「自分もAくんのように発言してみたい」という欲求がむくむく膨らんでいきます。「ああ、すごいな」「いいなぁ」と。

この手法の肝は、子供たちによい授業の目標イメージをもたせる点にあります。

目標イメージというと、一般的には教師がもつものと考える人が多いのではないでしょうか。それも大事だと思うのですが、それだけでは十分でない気がします。

いい授業のイメージをもつ

授業は教師だけで行うわけではないからです。**教師と子供がいて、はじめて授業が成立する以上、「いい授業」への双方のイメージが一致することで「いい授業」が生まれるの**です。

似たような話に、たとえばスポーツ選手のプレー技術の向上などがあげられます。

近年、昔では考えられなかったようなテクニックを若くして身につける選手がどんどん増えています。これは、衛星放送やインターネットの動画配信などによって、世界トップレベルの選手たちのプレーを日常的に観られるようになったことが大きいと言われています。

いい授業をたくさん観ることが、教師の授業力向上に寄与するとはよく言われることです。しかし、それは子供たちも同じなのです。

「私たちはどんな授業を受けたいのか」「そのためには、どのように授業に参加すればよいのか」を子供自身が具体的にイメージできることが、「いい授業」を生み出す素地となります。

子供の本気はルールを踏み越える

授業にはルールが必要です。

名前を呼ばれたら大きな声で「はい」と返事をする。発言するときは挙手をする。指名を受けたら立ち上がって考えを述べる。理由を言い添える。みんなのほうを向いて発言する。友達が発言しているときは、そちらに体を向けて耳を傾ける。こうしたことは、授業を受ける基本形として、一般的に学期はじめに身につけられるよう指導します。

しかし、子供は本気になると、しばしばルールなど忘れちゃうことがあります。本気の状態のときは思考よりも行動のほうが前に出るのです。

挙手もせずに、つい発言してしまう。友達が話をしているのに、腕を組んでじっと考え込んでしまう。そんなときに、子供の行動を咎めて「発言するときは挙手をしましょう」「友達のほうに体を向けて」と指導したら、子供の本気は心の内側に引っ込んでしまうでしょう。

私は、ルールを逸脱したことを咎めるよりも、子供たちが本気になったときの学びのダイナミズムに信頼を寄せていました。おお！指名もしていないのにしゃべりはじめた、よし！本気になってきた、と心の中でガッツポーズ。

確かにルールは大事にしなければなりません。しかし、それはあくまでも「集団の中でみんなが効率よく効果的に勉強するための手段として身につけてね」「みんなのためなんだよ」、あるいは「自分のために身につけてね」ということです。それは、授業を受けさせるうえでのトレーニングです。しかし、本気になったら、そんなルールは忘れてしまうのです。むしろ、「忘れるくらい本気でやってごらん」というくらいに思っていました。

人は、本当に集中して聞くときには目を閉じたりします。友達が発言しているときは、「おへそを向けて手はひざで」と指導する方法もありますが、私はとにかく「友達の意見を本気で聞こう」と指導していました。「本気で聞いている姿はわかる」と言っていました。

ルールというものは絶対ではありません。大事なことは、ルールを守りながらも、「状況に応じて自分なりに考え、みんなで話し合って変えていく」ことです。これは、集団づくりにおいてたいへん大事な学習となります。

ルールには限界があります。だから本当は、常に変える余地があるのです。むしろ、学級のルールは、そのつど変えれば変えるほど、その幹は太くなります。

ルールをつくる目的さえブレなければよいのです。目的は変えない。その目的に達するための約束事がルール。だから、目的の達成に迫る過程では試行錯誤します。そういう前提であれば、ルールの変更はみな納得することができます。

よくルールを変えられると「ずるい」と言い出す子がいます。「僕は守っていたのに何だよ。○○ちゃんのときになったら、いいって言うのかよ」「なんで変えちゃったの」と。

それは、ルールをつくる目的が共有されていないからです。あるいは、ルールそのものが目的化してしまっているからです。ルールがいったん目的化してしまうと、それを破ること自体が禁じ手になってしまいます。

もちろん、絶対に破ってはいけないルールはあります。

危険な行為をする、人を傷つける、集団で1人をいじめる、こうしたことは、絶対にしてはいけない人間としてのルールです。こうしたルールには、理由などいりません。仮に問われても、「なぜ人を傷つけてはいけないのか。こんな理由を先生が言わなければばわからないの？」と問い返せばよいのです。

しかし、多くのルールは明確な目的があってはじめてつくられるものです。ですから、目的を明確にした上でルールを変えるときには、とてもいい話し合い活動ができます。そのうえで、「でも」とつけ加えます。「ルールを忘れちゃうぐらい本気になってほしいなぁ」

本物の問いというものは、思い、願いそのものです。そのような本気が生まれる学びこそ大切なのです。

専門分野という持ち場をもたせる

授業中に突然教室を飛び出していっては、理科室に籠もってしまう子がいました。とても対応に苦慮しましたが、一方で彼はものすごく物を細かく観察する面をもっていました。理科の観察の時間に植物を配ると、とてもよく見るのです。

しばらくすると、植物を引き裂いたり、他の子と違うことをはじめてしまったりするし、彼のものをよく見る目が学習に直接役立っていたわけでもありませんでした。しかし、それは紛れもなくその子の特性でした。

どの子供にもその子なりの特性があります。行為そのものはおかしなものであっても、「Aさんの観察力はすごいなぁ」と言って、「よし」としてやるのです。

得意分野というと、あたかも誰かより秀でている資質・能力というイメージがあると思います。しかし、私は、その子の特性そのものを得意分野とみなすことにしていました。

たとえ勉強に直接役に立たなくてもいい、何に役立つのかわからないような不確実な事柄であってもいいのです。その子の将来は、誰にもわかりません。「きっと何かにはその特質が役に立つはず」くらいのおおざっぱな感じでよいと思います。

このような子供たち一人一人の特質を覚えておいて、タイミングよくさらっと褒める（その子の特性を認める）のです。たとえばワークシートを配ったときに、「そういえば、誰も気づかないような細かいことを見つけられる人がいたなぁ。ああ、いたいた、Aさんだ」といった具合です。

ほかにも、Bさんは、なんでも調べたがるという特性をもった子でした。

歴史学習の折に、「家に何か役立ちそうな資料があったらもってきて」と言ったところ、彼女は人物事典をもってきました。そこで、私は「机に人物事典がこう置いてあると、Bさん、ちょっと博士みたいだね」と言ってみたのです。

すると、彼女は何か気に入ったのでしょう。歴史学習なら人物事典、国語の時間には

ぼくらの辞典博士

辞書に何て書いてあるか、
調べてみんなに教えてあげて
悪口雑言

国語辞典というように、いつも何かしらもってきて机に置いておくようになったのです。

彼女はあまり勉強が得意ではない子でした。教科書すら忘れてくるくらい忘れ物も多い子が、家で見つからなければ図書館で借りてまでして学校にもってくるのです。彼女のその調べる意欲を得意分野とみなすことにしました。

そこで、授業中、私は時折Bさんに声をかけます。たとえば、黒板に「悪口雑言」と板書して、「辞書に何て書いてあるか、調べてみんなに教えてあげて」と彼女に促すわけです。するど、喜んで調べてくれました。

しかし、漢字がとても苦手だった

ので、「悪口雑言」が読めません。隣の友達に読み方を教えてもらって調べます。「あっこう、ええと…、ぞうごん、ええと…」などとつっかえながら、みんなに説明してくれます。でも、彼女は、クラスメートの誰もが認める、授業には欠かすことのできない私たちの辞典博士でした。

もちろん、本当のことを言えば、辞典で言葉を調べるなど誰でもできることだし、その子に何かを調べさせたからといって、学びが特に深まるわけではありません。しかし、彼女にとっては、重要なことなのです。きっと「勉強が得意でない自分でも役に立つ」「自分の居場所はここ」という思いだったのでしょう。

教室での居場所というと、時間的・空間的な安全地帯を指すようなイメージが多いような気がします。しかし、**その子にとって「この場所は、自分の居場所」と思えるためには、安全地帯であるだけでは足りない**のです。自分がその場所にいる意味が必要なのです。それはすなわち、自分が誰かに役に立つ存在として授業に参画しているという役割意識にほかなりません。

学級には、誰かに計算の仕方を教えてあげられる、鉄棒の逆上がりを補助できる、模範となる行動を示すことができるといった、直接的な役割を果たせる子がいます。そうした子であれば、自然と教室内に自分なりの居場所を確保します。教師の言葉を代わりに語ってくれるような優秀さを発揮してくれます。

しかし、そのような子は一握りです。ほとんどの子は、そんなふうにはできません。それでも、「あの一角だけは、ぼく（わたし）の役割」というものがどの子にも必要なのです。

授業に役立たなくてもいい、他愛のないことでもよいのです。面白いことを言える子であれば、授業で子供たちの集中が切れかけているときに、「はい、Cくん、ここでギャグ一発」。あるいは、授業中に黙っていられない子であれば、「Dくんは、いいギャグセンスをもっているよなあ。じゃあ、授業のまとめにギャグ一発」

絵を描くのが好きな子がいれば、たとえば、歴史学習の際、「織田信長と豊臣秀吉」と板書し、「あまりイメージがわかないな。Eさんちょっと黒板に信長を描いてみて」と頼めばいい。

そのイラストを見て、「おっ、その信長はやさしい信長だな。それじゃあ、信長のやさしい面についても一緒に考えてみよう」と促せば、調べ学習にも力が入るというものです。

「きみは○○分野ね」とか、「きみは○○マンだね」というふうに言うと、どんな子であっても、なんだかんだ嬉しいのです。それは、その子にとっての活躍できる場面ともなるからです。さらに、中・高学年になってくると、次第にあこがれや使命感のような気持ちをもちたくなってくるように思います。

いずれにしても、子供が自分自身を認めるためには、ただ自分だけを見つめていてもむずかしいのです。**集団の中に自分の持ち場がある、だからこそ、自分の存在のよさを認めることができる、胸を張って生きていける**のです。

勉強が得意な子も基本は同じです。単に学力が高くて発言力があるというだけでは、自分の持ち場をもてません。だから、そんな子が授業の序盤で真っ先に手を挙げたとき、私は次のように言っていました。

「Fさん、きみの出どころはココではないよ。もっと先、後半のまとめだ」

まさに花道です。

実際、その子が、授業の序盤で先見性のある意見を言ってしまえば、「全部、Fさんに言われちゃった。またか…」となります。周囲の子供たちのモチベーションは下がる一方です。「あいつ、頭いいなあ」と思うだけで、周囲の子供にとってはもちろん、発言した子供にとっても、いいことはありません。だから役割をもたせる。「きみの出番はそんなところじゃないだろう?」と。

さて、授業の終盤。まとめです。「さぁ、Fさん、いまこそきみの出番だ。よろしく頼むよ」

みんなの意見をまとめる役割がうまくできれば、Fさんもみんなも嬉しい瞬間となります。しかも、全体のモチベーションも高まるので、高い学習効果が期待できることは言うまでもありません。

デコボコがあるから、子供の資質・能力の面積が大きくなる

学級という集団は個性集団ですから、その中で生きていく以上、相互の役割分担は切っても切り離せません。

そうした中で、子供たちの個性の中で役に立たないもの、授業の邪魔になるものを選別して、「それはダメなものだよ」と、画一化を図る学級経営をする教師もいます。私も若いうちは、そんな教師の一人でした。

教師になって3年目ぐらいまでは、デコボコをなるべく削って、みんなと同じことをみんながてきるようにしなければいけないと思い込んでいたのです。

たとえばAさんというモチーフをもとに、30個の人形をつくるなら、余計なものはみんな削ることになります。子供たちを平均値化しようとすれば、どうしても学級全体の資質・能力の面積は小さくなるのです。それは、個々の持っている力が封印されるようなものです。

もしもAさんがゴールだったら、Aさん以上には絶対に前へ進めないのです。そうすると、Aさん自身もそれ以上には育たない。

一つの形、一つの解、一つのゴールにすべての子供を合わせようとすると、どうしても削る方向にいってしまう。もっと言えば、あら探し。教師が想定する満点状態からマイナスをつける評価になってしまいます。しかし、そうではないのです。プラス、プラス、プラスで、どんどん膨らませていくという発想をしていかない限り、集団性は高まりません。それに、たった一つの物差ししか許されない学級は、脆弱で、壊れやすいものでもあります。

もちろん、経営である以上、学級をある一定の収まりのいい形にする必要はあります。しかし、**教師が削ろうと試みて削れるほど、子供は思いどおりにはいきません。小さくても、大人が考える以上に、その魂の根は太いのです。**

そのことに気づいてからというもの、「だったら、このままでいいじゃないか」「デコボコがあったほうが、きっと子供たちの資質・能力の面積は大きくなるはずだ」と考えるようになりました。

どれだけ優秀な子供でも、本当はもっと伸びるのです。そして、そうでない子供はさらに伸びるはずなのです。そうであるならば、エネルギーを放出させるほうがずっと健全だし、効果的です。そして、そのエネルギー放出には、それぞれの角度があります。

ですから、教師が子供それぞれの活躍の場面を意識的に設定するということが、とても重要になってくるのです。

問いは持ち帰らせる

授業にせよ、学級経営にせよ、子供にどれだけたくさんの「なぜ？」を与えてあげられるかが、教師の腕の見せ所といっても過言ではないでしょう。

そうは言っても、教師は、教育のプロといいながら、すべての分野の専門家ではありません。子供がもってくるすべての「なぜ？」に答えられるわけではないのです。むしろ、答えられないことのほうが多いくらいです。

「なぜ？」を与えられるだけ与えておいて、子供に聞かれても「わからない」では教師としていかがなものか、と思われる方もいらっしゃるかもしれません。しかし、それでよいのです。私はよく次のように言っていました。

「わからなければ調べればいい。先生だってわからないことはいっぱいある。だから、大人になっても勉強が大事なんだ。少なくとも、先生には調べてくる意欲と粘り強さはあるよ。だから、きみたちから聞かれたら、答えられるように調べてくる。きみたちと同じだよね」

「なぜ？」に出合ったら、自分で調べることが基本。授業では問題解決を大事にしますが、その場では答えが出ないことは往々にしてあります。だから、「なぜ？」という問いは持ち帰らせることがとても大事なのです。そうすれば、自分でも調べられるし、考えるし、保護者やいろいろな人に話を聞くこともできます。

そもそも、授業ですべての問いを取り上げられるわけではありません。

「自動車工場で働く人は、給料をいくらもらっているの？」

「そんなこと、先生にだってわからないよ」

ということもあるし、

「難しいことで迷うんだけど、先生、どっちがいいと思う？」

「どちらがいいかを考えるには、やっぱり双方について調べないと判断できないよね」

といったこともあります。そのようにしてお互いに問いにまつわる謎を大事にするということです。

授業の方向性から少し逸れた疑問、単元が終わって学習問題が解決しても、自分なりによくわからない疑問というものは生まれるものです。こうした疑問をもち、考え続けることが、授業以上に大切な場合が少なくないのです。

つまり、**問いを持ち帰るとは、単に「家に持って帰る」ということではありません。**

授業外でも考えるということ、すなわち、疑問を持ち歩くということであり、疑問を持ったまま生活するということです。

調べればすぐに答えが出る疑問もあれば、人に聞いてもすぐにはわからない疑問もあります。中には、どれだけ知識を得ても、誰に聞いても、わからない疑問もあります。でも、いつも頭の片隅に置いておいて、ふとしたときに考え続ければ、いつか「ああ、そういうことか」と思える瞬間に出合うことができます。

その子が大人になって、何かと何かが不意につながって「あ！　あれってそういうことだったんだ」と答えにいきつく。パッと視界が開けるというか、鮮明になる瞬間がある、そんな問いもあるのです。ですから、安易に答えを求めないほうがいい場合があるのです。

問いは子供に持たせる、託しておいたほうがいいのです。私はよく子供に「友達に意地悪をしたら、なぜいけないんだと思う？　すぐに答えを言わなくてもいいけど、自分でよく考えてみて」などと問いかけていましたが、そのたびに「そんなに簡単に答えないでね」「しばらく考えてから、本当にこれだと思ったら教えてね」とつけ加えて、問いを持ち帰らせていました。

子供はいろいろな場面で考えます。だから、その子が問いを持ち帰りさえすれば、たとえば友達と遊んでいるとき、不意に答えが出たりします。「ああ、そうか。意地悪をすると、こんなに楽しい時間がなくなるんだ」「相手が自分を嫌ったら、その友達を失うんだ」そう実感する瞬間に出合うことができるのです。

調べ学習のために図書館で本を読んでみたり、地域に出かけていって街の人にインタビューしたりすることも根本は同じです。その場面に自分が遭遇する、自分自身の日常を重ね合わせる、**自分の皮膚感覚に引き寄せるから、問いに対して本気になるし、答えが自分ごとになる**のです。きっとそうしないと、本当の意味で実感したり、納得を得ることはできないのだろうと思います。

そして、何人かの子供が問いに対して本気になって、実感を伴った納得が得られたら、その子たちがみんなに教えてくれるようにします。

具体的には、事前に「その視点、大事だなあ。いい答えが見つかったらみんなに教えてね」と促しておくのです。そして、教師の示した問いを覚えていた子が自分なりの答えを見つけたら、発表できる場を設けます。

「おぉ、いろいろと考えたよね」

「よくあのときの疑問を忘れなかったね」

このような場があれば、問いのことなどすっかり忘れて遊びに行ってしまった子供だって、「そういえば、そんなこと先生言ってたっけ」と問いを思い出し、その子の話を聞いたときに「おお、なるほど」となります。こうした雰囲気が広がって、普段は勉強なんて嫌いだなどと公言している子供も「自分も、まねしなくちゃ」と思ったりします。その瞬間、答えを出してくれた子の学びが周囲に伝播し、学級全体の学びになります。

納得の仕方には子供なりに論理があり多様です。しかし、物事への理解は、実感や納得なくしては生まれません。この点は、どの子にとっても同じです。理屈だけでは、頭の中にも心の中にも定着しないのです。「何言ってるんだ、そんなの当たり前のことじゃん」と受けとめて終わり。それを乗り越えるためには、実際に実感と納得を得た子供の存在が必要なのです。

しかし、それには時間がかかります。その子が問いを心から「なぜ？」と思え、「なるほど、そういうことだったのか」と思えるまでの熟成期間です。だからこそ、ある問いに対して、そうそう簡単に答えを出させないほうがいいのです。

たとえば、社会科で大切にしている意味理解は、自分の文脈で物事を説明できるようになることです。そうでないと、人のものを借りてきてそのまま復唱するだけになってしまう。本当に納得してわかっている子供は、自分の言葉が出てくる。こうしたことは教科を問わないように思います。

教師としては、実感を伴った理解に到達した子が出てきて、その子の学びが他の子供たちに伝播することを期待して問い続けます。結局、集団における学力は相互作用に頼っているのです。

学びはまねっこ

教育は、いいモデルを広げることだと言い換えることができます。ですから、教師が関与して、何がいいモデルなのかを子供に伝えていく必要があります。
「あ、この子はいい表現をしているな」というものを見つけたら、すぐにコピーして配り、それを授業で使います。そうすれば、その子の表現を「これがいいモデルなんだ」と受けとめ、まねをすることができるようになります。まねであれば、書くのが苦手な子でもそれなりに書くことができます。

図工などはまさにそうですが、子供同士の相互作用が大きく働きます。隣同士の子供の色遣いが似てくる、あるいは道具の選び方が似てくる。意図していなくとも、そうなるのです。

「学び＝まねっこ」。それでよいのです。自分が「いいな」と思ったものはまねをしたくなるのが自然な心情。図工では、隣の子がクレヨンを使っているのを見て、自分もクレヨンを使いだしても誰も文句を言いません。

しかし、国・社・算・理となると話が変わってきます。隣の子のノートをまねして写したら咎められてしまう。「自分でちゃんと考えなさい」と叱られてしまう。

でも、友達のまねをすることは、本当にいけないことなのでしょうか。たとえば、私は、国語や算数の時間であっても、次のようなやりとりを子供としていました。

一人の子供が「先生、どう書いていいか、わかんない」と言う、それに応えて、私がみんなに声をかけるわけです。

「ほかにもわからない人いる？　よし！それでは、これから『拝見タイム』だよ！　はい、スタート！　さぁ、ほらほら、どんどん見に行ってー」

子供たちも自分なりに考えて、まねをしたい子のところに行きます。隣の子のノートに自分がいいと思うことが書いてあったらまねをすればいいのです。

もちろん、後で採点するようなテストの答えを見に行けとは言いませんが、そうでない限り、どんどんまねをさせます。

「自分でちゃんと考えなさい」といくら言われたって、どう考えたらいいのかわからなければ、そもそも考えようがないのです。それではいつまで経ってもできるようになりません。それなら、友達の考えをのぞいて、自分のものにしてしまえばいいのです。

これは答えをまねさせるのではありません。その子がいいと思った友達の考え方をまねさせているのです。それが子供にとって本当にいいものなら、彼らはどんどん獲得していきます。そして、やがて見に行かなくても、自分の力で書けるようになるのです。

相手意識が子供の思考をアクティブにする

学習指導要領に言語活動の充実が謳われて以降、私はよく次のような質問を受けます。

「思考・判断・表現が大事だということはわかるのですが、書かない子はどうするんですか？」

そんなとき、私は次のように答えます。「『書かせる』ことが目的である限り、子供は書いてくれません。本当に書かせたかったら、誰のための文章なのかをまずはっきりさせることです」

私は、いいと思う表現は取り上げてみんなに配ります。たとえば、5人ぐらいのノートの記述のコピーをプリント1枚にまとめて配り、

「このノートの何がすごいと思う？　なぜこの5人を選んだと思う？」と、そのすごさ、価値に気づけるように問います。

それは、書き方かもしれないし、着眼点かもしれないし、構想力かもしれない。物事に対してちゃんと考えようとしている真摯な姿勢かもしれない。しかし、私が子供たちに最も気づいてほしいと思うすごさ、価値、それは相手意識です。

先生を意識している。先生にちゃんと読んでもらおう、わかってもらおうとして書い

ている。そうした相手意識のあるノートを私は意識して選んでいました。ほかにも、農家の人への手紙であれば、農家の人に読んでもらおうとしている手紙、友達同士で共有するワークシートであれば、友達にわかってもらおうとして書いているワークシートです。

ノートであれば、「感想はまず先生に読んでもらう気持ちで書くこと。これは、きみらのメモじゃない」と私は何度も口にします。「自問自答は書いていい。しかし、それも先生に読まれることを意識すること」

以前、出版社に勤める知人がこんなことを言っていました。

「いまでこそ私は、文章に携わる仕事をしていますが、小学生のころは作文を書くのが大嫌いでした。『何でも好きなように書きなさい』とか、『きちんと考えて自分の思うことを書きなさい』などと言われても、書きたいことなどまるで思いつかず、苦痛で仕方がありませんでした。それが、大学生になって、同人誌の手伝いをしている友人からの誘いを受けて、数十頁ほどの物語を書くことになったんです。最初は、どうしていいかさっぱりわからなかったのですが、読者のことをイメージしながら、これだったら笑うかな、これだったら驚くかなと考えているうちに、書くことに楽しさを覚えている自分に気づいたのです。子供のころはあれほど嫌いだった文章なのに、なぜいまでは仕事にするくらい好きになったのかがわかった気がします」

よくノート指導が大切だと言います。算数であれば、いかにその子の論理的思考が高まったか、それがきちんと読み取れる書き方となっているかという観点から指導します。もし、受験勉強のためのノートであれば、自分のためだけにやっているのだから、自分だけがわかればいい。しかし、先生が見るノートは、「先生がわかるように、先生に説明する気持ちで書いてね」という指導です。このような相手意識が、その子の文章力を育てる、その子の中に文脈をつくり出すのです。

「先生に伝えるように書いてね」とか、「運動会で一番おもしろかったことを先生に教えてね」、あるいは「おうちの人に教えてあげてね」という調子で、促していたわけです。

自分の理解を相手に伝えるためには、

①自分が何を理解しているのか
②どの程度理解しているのか
③どう伝えればそれが他者に伝わるのか

という3つをセットで考えなければいけないから、子供の思考はフル稼働します。

関心が低いものを高めていくのが授業

授業の際、子供に何かしら書かせて発表させるという手法は一般的にとられます。いきなり発問しても手は挙がりませんが、書かせて読ませると手がたくさん挙がります。しかし、私は「発表したい人？」とは言いません。このタイミングで意欲を問うてもあまり意味がありませんから、私は「書けた人？」と問います。

「発表したい人」などと言われて挙手をしたら、目立ちたいみたいな印象になるじゃないですか。そうではなく、「書けた人、手を挙げて。じゃ、全員立って」という言い方です。

一方で、書けたことをみんなの前で読むということは、発表することに違いはありません。発表するとは、自分の考えを人に伝えるということです。だから、「人に伝わるように書かなければいけないね」という仕掛けにします。「人に伝えるためにまとめている。自分が気づいたこと、感じたこと、考えたこと、理解したことを人にわかるように書くのがノートだよ」という道筋です。

時折、授業の序盤から子供の関心を引き、意欲を高めなくてはいい授業にならないと考えている教師に出会います。しかし、私は「入口の関心が低かったらダメなの？」と思ってしまいます。

私は、関心が低いものを高めていくのが授業だと思います。教材提示で子供の関心を引くものの、授業の終末には子供は集中を切らし、決まった子しか発言しない授業ではしようがないのです。そのような意味で、**関心・意欲・態度というのは、授業の先頭ではなく、授業の終末に向かって形成されるもの**なのです。

もちろん、何もなしに子供の関心が高まるということはなくて、関心が高まっていくような、伸びていくような授業を実現することこそ、教師に求められる指導力なのだと思います。

声に抑揚をつける、穏やかな声ほど子供は集中する

やたらと大きな声で話す先生がいます。子供たちにしっかり指示が届くようにという考えなのだと思いますが、教師の意図とは真逆な効果となります。

大人になるにつれて高い周波数の音、いわゆるモスキート音が聞こえなくなっていくといわれています。逆に小学生の子供は相当高い周波数の音を聞き取れるので、大人の

発する甲高い声は、大人が考える以上に子供の頭の中で響きます。そのため、必要以上に大きな声は、ただでさえ集中を維持することがむずかしい子供の集中力を削ぎます。それだけに、子供に深く考えさせたい場面では、静かで穏やかなトーンが大切なのです。
私はかつて、本当に優秀な子を何人か受けもったことがありますが、彼らに共通した事柄があります。それは、頭の中が波立たないことです。いつも心地よい風が吹いているかのような穏やかな表情で物事を考えています。そのような落ち着きは、彼らが効果的に学習するうえでの必須要件といってもよいでしょう。

私たち教師も、そんな落ち着きを教室にもたらせるように苦心します。子供たちの頭の中がなぎの状態、空気が澄んだ雰囲気をつくりたいわけです。

このように、学ぶときは穏やかに学べる雰囲気が必要です。発言は活発で、ときにはワイワイガヤガヤでいいのですが、授業の核心に迫っていく段階ではすっと静まり返る。この瞬間をいかにしてつくるか。

音楽だって同じです。一定のリズムでガンガン楽器を打ち鳴らしていって、キメのところでダンッと止め、再びリズムが再開する。このときに、音楽独特の高揚感が生まれます。こうした抑揚、**ブレイクポイントをうまくつくれるかが、学習効果を左右すると**いっても過言ではないでしょう。

授業で言えば、どれだけ効果的な間《ま》をつくれるかにかかってきます。意識が一点に集中する間です。そのとき、一瞬、なぎの状態となります。こうした状態をつくるには、日々のトレーニングが必要です。

たとえば、私は授業の直前に、ときどき次のような遊びを取り入れていました。

「はい、騒いで、騒いでー」と促します。子供たちがワーっとなって5秒ほどしたら、「はい、やめ！」と停止の合図。そんな遊びを通した集団トレーニングです。

ほとんどの子がピタッと騒ぐのをやめる一方で、ガヤガヤがとまりきらない子もいる。「あぁー、Aさんが気がつかなかった。3秒損したな。みんな、集中、集中。よし、もう一回いこう」

このようなトレーニングを通じて、子供は教師が提示する間《ま》を少しずつ共有できるようになります。

掲示は子供の学びを広げる最高の思考ツール

教室の掲示板に何を掲示するかを考える際、子供の成長の段階をわかるようにすればいいと考える教師は多いようです。たとえば、漢字ドリルがどこまで進んだのか、マラソンが校庭何周までできたかなどがわかる掲示です。

しかし、子供の学習成果物を時系列で見ようとすると、どうしても進んでいる子と遅れている子の比較図のようになってしまいます。営業マンに課されるノルマの棒グラフみたいなものです。

進んでいる子は嬉しいでしょうけれども、その嬉しさは、自分がどれだけできたかではなく、他の子と比べての嬉しさになってしまわないでしょうか。すなわち、優越感です。そうであれば、いい学びができるのは、学級の一部の子だけということになってしまうでしょう。

また、貼るだけで評価がなされていないように感じる掲示も見受けられます。あるいは、細かく評価しすぎてしまっている場合もあります。記述の中にたくさん線を引いてはあるけれど、なぜそこに線を引いているのかがわからない、そういう掲示は誰のためのものかということです。

私の考える教室内や廊下の掲示は、たとえ一言しか書けていなくても、そこにキラリと光る何かがあればよしとしていました。記述量の問題ではありません。そのような意味で、私の掲示の多くは、作品展示ではありませんでした。すなわち、学習の結果としての表現物ではなく、結果を目指してみんながいま進めている学習の経過としての掲示です。

教室の後ろの壁や廊下側と内側の壁、とにかく子供の一番目につくところにスペースをつくって、子供たちが、いま進行中の学習の中でまとめた学習カードを並べます。

たとえば、学習カードであれば、掲示スペースの右側には、ごみ収集の有料化への賛成派のカード、左側には反対派のカード、という感じです。授業を離れても、日常的に考えられるようにするためです。そんな板書のような、いまで言うところの思考ツールのような掲示です。

掲示スペースが限られていることもありましたが、すべての子供たちの学習記録をいっせいに貼り出すのではなく、教師がいいと思うものをチョイスします。

ただし、長い時間は貼っておきません。長くて2週間、短いと1週間で変えます。きれいに貼ったりしないし、飾りつけなんかもしない。その代わり小さい短冊をいっぱい用意して、マジックで「○○がすごい」とコメントを書くだけです。これだけで、子供の学びは変わります。「ああ、なるほどね」とつぶやきながら、子供は自分の考えを組み替えていきます。

この掲示方法の肝は、分類・整理にあります。

たとえば、模造紙に十字の線を書いて、左上のスペースには「動きの描写が豊か」、右上のスペースには「タイトルや見出しの着眼点がおもしろい」、左下のスペースには「書き出しにインパクトがある」、右下のスペースには「人の気持ちをよく分析している」と書いて、それぞれに該当する学習カードをピックアップし、該当箇所に線を引いて貼

掲示の例

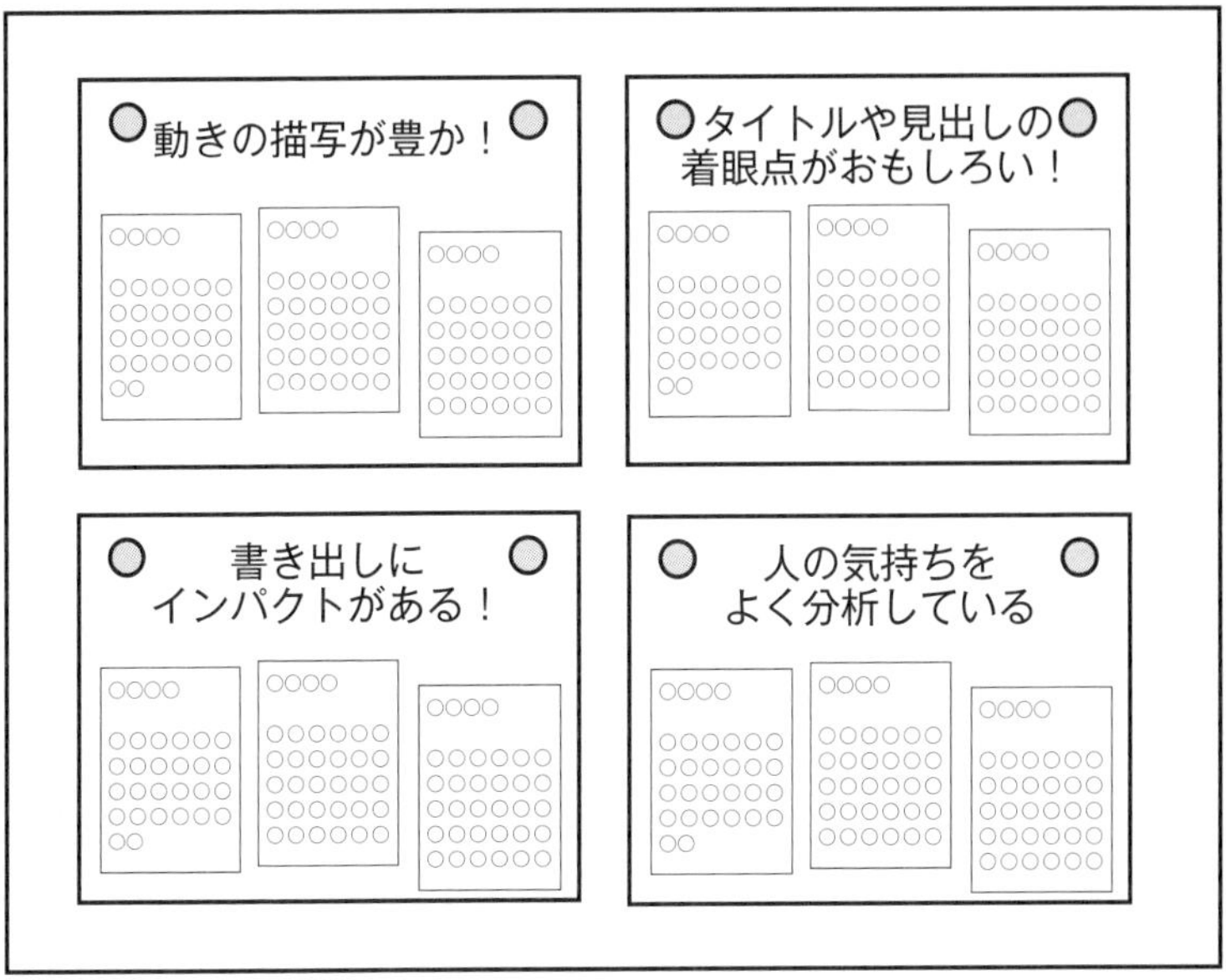
動きの描写が豊か！
タイトルや見出しの着眼点がおもしろい！
書き出しにインパクトがある！
人の気持ちをよく分析している

っていきます。つまり、立体的なマトリックスにしてしまうわけです。

ほかにも、「展開が魅力的シリーズ」とか、「まとめがユニークシリーズ」などとシリーズをつくって掲示する方法もあります。いずれも、子供たちの活動の具体をポートフォリオにする分類・整理なのです。

ですから、それぞれの分類自体に優劣はありません。すなわち、いい表現順にA、B、Cとランクをつけて掲示するのではありません。いくつかの視点を設定して、それに該当する学習カードを貼りつけ、それぞれのよさの特徴を見せることで、次の学習への参考にさせるわけです。

このように分類して貼り出すと、

子供たちは友達の表現からヒントを得て、自分の学習に取り込めるようになります。「あぁ、そうか！　動きの描写を豊かにしたかったら、こう書けばいいんだ」と、何が大切なのかが一目でわかります。

さらに、結果ではなく経過だから、子供の思考プロセスが可視化されます。すなわち、子供たちの学びの段階が、「いま」「どこ」に辿り着いているのか、教師自身も見て取ることができるのです。しかも、その学級の担任だけではありません。ほかの学級の学びにも結びつきます。

そのため、ほかの学級の先生もよく見に来てくれました。「どのような授業をやっていたのかがわかる」「子供たちの学びが深まっていく様子がわかる」と言って、参考にしてくれていたようです。

私の掲示は、およそ次の３つのパターンに集約することができます。

①価値づけで分類する。
②特徴で分類する。
③板書を再現する。

この方法は、教科を問いません。いろいろな授業、いろいろな場面で応用が利きます。どのような方法でもよいとは思うのですが、要するに、掲示は「子供が活躍できる場、学び合える場をつくる」と考えればよいのだと思います。

第4章

（1分の1）×40が、教師を変える

―子供の心に届く指導

（1分の1）×40

かつて指導がむずかしい子供を受けもったことがあります。授業中に突然教室を飛び出していってしまうのです。その子は、たいてい理科室に閉じ籠もっていました。無理にドアを開けて引きずり出しても何の解決にもなりません。根気よく話しかけ、その子の意思で出て来ないと教室に戻って来ません。それには相当の時間と根気が必要です。

その間、自分の学級を放りっぱなしになります。このようなとき、教師と子供たちが良好な関係であれば、「ちょっと悪い、しばらく自習してて。頼むね」と言って課題と課題解決の方法を伝えておけば、きちんと自習していてくれます。そうであるからこそ、その子のもとに行けるし、解決を焦らなくて済むようになります。ある程度の余裕をもって解決に当たることができます。

このような余裕は、理科室に閉じこもった子にも伝わります。しばらくすると、「先生、授業いいの？」と言い出します。「いい、きみのことを待っているから」と言うと、冬眠明けの熊のように、のそっと出てきたりしました。

逆に、教師が解決を焦っていると、子供は決して応じてくれません。個に応じた対応を行うときに、教師と子供たちの関係、すなわち学級全体が良好な関係になっていないと、一方に向かうことで、もう一方が混乱してしまうのです。

このような指導がむずかしい子供は、どんな学級にもいるものです。私自身、そういう子供を受けもったことは一度や二度ではありません。

私自身も、教師になり立てのころは、本当にうまくいきませんでした。そんな当時、悩みを相談した先輩から次のように言われたことがあります。

「あなたはね、たぶん分数で考えているんじゃないかな。40人のうちの困った1人。『40分の1』というふうに。でも、違うんですよ。どの子も『1分の1』。だから、学級には1分の1が40。つまり、掛け算なんだよね」

正直なところ、そのときの私にはその意味がわかりませんでした。もしも、その1分の1の子が授業中に教室を飛び出して行ってしまったら？　無視するわけにはいきませんよね。当然ながら追いかけます。そうすれば、その子一人のために、ほかの39人の学習機会を奪ってしまうことになります。だったら、「やはり『40分の1』なんじゃないの？」そんなふうに感じていました。

しかし、彼が言いたかったことは、そういうことではなかったのです。ずいぶん時間がかかりましたが、私にも少しずつその意味がわかるようになっていきました。

学級担任という言葉に代表されるように、教師が担任するのは学級と言われているものです。しかし、そもそもこの学級とはいったい何なのでしょうか。ある一定人数の子供が入った箱でしょうか？　私たち教師は口では子供たちを受けもつと言いながら、学級という名の箱を受けもっているると思ってはいないでしょうか？　もし、そういう受け止めであれば、当然のことながら、どの子も「40分の1」に見えてしまうでしょう。

　しかし、本当は違うのです。所詮、箱は箱。私たち教師が受けもっているのは、そんなものではないのです。一人一人の子供たちなのです。だから、学級に何人子供がいようと、どの子も世界でただ一人の唯一無二の存在。「あの子もこの子も、共に1分の1、みんなが力を合わせるから学級ができるんだ」ということなのです。

　そして、この（1分の1）×40という言葉の裏側には、自らの教師力向上という意図があります。すなわち「もし、手がかかる子がいなかったら、あなたは教師としての力量は高まらないよ」ということを示唆しているのです。

「確かに、1分の1だよなあ。もしあの子がいなくなったら、この学級ではなくなってしまうもんなぁ」と私自身、自然と感じられるようになったとき、「あれ？　私も一人の教師として成長していけるんじゃないかな…」そう思えるようになったのです。

子供は「さよなら」の後に情報をもってくる

「何か話したいことがあったら、放課後に言いに来てね。先生、教室にいるから」よくそんなふうに言っていました。すると、放課後、教室の机に向かって丸つけをしていると、いったんは「先生、さよなら」と言って帰ったかのようにみえた子が、こっそり戻ってくるのです（＊今は、先生方の会議等のスケジュールが密で、「放課後」という言葉すらなくなってしまった感がありますが…）。

困ったことでも、嬉しかったことでも、ただ自慢話であってもいいのです。子供の内側にあるものを外に出させることが目的です。内容は問いません。とにかく言いたいことを言わせます。みんながいるところでは言えないことでも、さよならをした後なら言えるし、いつもより少し先生に近づけた気持ちにもなれます。

中には、友達の悪口なども出てきます。でも、「そんなこと言っちゃダメだよ」などとは言いません。説教するために話をさせるわけではないし、彼らの話の腰を折ってしまったら、もう二度と言いに来なくなります。

もちろん、安易に同意したり、迎合するわけでもありません。基本的には「ああ、そうか、そんなふうに思ったんだね」と肯定も否定もせずに受けとめるような聴き方に徹します。もし、明らかに間違った言動であれば、「さすがにそれはまずいんじゃない？」と雑談的に注意を喚起します。

中には、教師である私の間違いを指摘してくれることもあります。自分ではうまくいったと思い込んでいた授業でも、意外とそうでもなかったことに気づかさせてくれることもあります。

この時間の対話が、実はものすごく効きます。普段見渡しているだけではわからない学級の情報がどんどん入ってくるからです。

状況にもよりますが、さよならの後に戻ってくる子供というのは、自分が怒られそうだと思うことは決して口にはしません。自分が困っていることを言いに来ることもあまりありません。しかし、クラスメートが困っていることは教えてくれたりするのです。「先生、実はAさんが仲間はずれにされているよ」と。こうした話題も、放課後ならではの学級の情報です。

このようなネガティブな話のときは、きまって複数でやってきます。一人で来ることはありません。

「ねぇ、本当に言うの？」

「そうだよね。どうする？」

「もう。だって、そのために来たんじゃん。ちゃんと言おうよ」

お互いに肘でつつき合いながら、私の元に近づいてきます。そんな調子ですから、彼ら自身の話であろうはずがありません。自分たち以外の誰か、あるいは学級全体に関わる話だと察しがつきます。

このような話のときは、学級内の情報ソースをもっている子たちがやって来ます。そのため、その層はやや固定化します。学級のリーダー的な子のグループではない、かといって大人しくて目立たない子のグループでもない子供たちです。

どんな学級にも、小集団グループ同士の、化学反応のようなものがあって、学級全体の雰囲気が形成されます。ですから、学級全体への働きかけや個への対応も大切ですが、こうした3〜4人程度の小集団グループとのやりとりも大事にしていくことが、学級経営をより円滑にします。

このように、放課後、教室にいて子供の声を聴く、言いたいことをそのときに全部言わせるというのはすごく大事なことだと思います。学級は教師が力ずくでつくるものではないし、子供に任せきりで出来上がるものでもありません。やはり教師と子供との相互関係を通して、一緒につくっていくものです。

なかなか時間が取れない中で、むずかしい課題かもしれませんが、あらためてこうした時間を取る工夫を考えてみるとよいとも思います。

子供が自分の中にあるものをはき出すルートをつくっておく

個の気持ちは、待っているだけで知ることはできません。集団が持ち寄ってくれるものでもありません。教師の側から集団の気持ちに働きかけることはできますが、個の気持ちを集団が代弁できるわけではないからです。

個の気持ちを知るには、教師が主体的に知りに行くほかありません。そのために、個人日記を書かせることも一つの方法です。よく紹介される方法の一つですが、一定の効果があります。ただし、何のためにするのかをよく考えずにはじめても、教師の気合いばかりが空回りしてしまうことも少なくないでしょう。

「交換日記をはじめるから、みんな日記帳を買ってきてね」と張り切って切り出します。

「何でもいいから毎日書いて、先生に渡すんだよ」

こんなふうにはじめると、あまり長続きしません。そもそも個人日記は、別に宿題でもないし、国語力を評価するためのものでもないし、子供の自由に任せるものです。

そこで、私は次のように切り出します。

「みんな、これから私と交換日記をやってみよう。お家の人との連絡帳があるように、みんなとも心のやりとりをする手帳があってもいいと思うんだ。うれしかったこと、悲しかったこと、迷ったこと、そういうことを先生に教えてよ」、そして「毎日でもいいけど、何か思ったときでいいから」と言い添えます。

　このような言い方だと、学級に35人いたとしたら、多くて10冊、少なければ2、3冊しか私の元にきません。でも、それでよいのです。

　大事なことは、子供が自分の気持ちを吐露するルートをつくることです。「いざとなったら、先生に言える、助けてもらえる」と思えることが、子供の心にどれほどの安心感をもたらすか、私は経験を通してよく知っています。それが個人日記を行うことの本当の目的です（この点がグループ日記とは決定的に異なります）。

　意思疎通の手段であれば手紙だってあるし、いまどきであれば電子メールやラインなどのＳＮＳなどもあります。しかし、手紙は子供にとって敷居が高いし、ＩＣＴツールは際限がないからおすすめしません。「先生、いま何しているの？」「明日の掃除、体操着は必要ですか？」といったやりとりが溢れるだけで、肝心の情報が埋もれてしまうからです。

　日記は自分の心の記録です。子供の気持ちが表れるものだから、それを伝達するルートをつくるために交換するわけです。個人日記で読んでいるのは、実は子供の心なのです。

個人日記をはじめると、書く子はよく書いてくるし、毎日楽しい日記を書いてくれる子もいます。中には、悩みをもっていて、たまにポロッと書いてくる子もいます。たとえば、仲間はずれ。子供同士、あるいは小グループ同士の力関係の変化がわかります。たとえば、学級の中心にいるようなリーダー的な子は、リーダーであるうちは日記など書いてこないのですが、その中心的位置から移動があったときに書いてくるようになったりします。おそらく、心細くなるのだと思います。すると、教師のところに言いに来るわけです。今まで見向きもしなかった個人日記を使って…。

すると、「あっ、この子、いま、ちょっと不安なんだなあ」ということがよくわかります。しばらくすると、日記だけでなく行動面でも変化が現れます。

中心にいたときは言葉遣いも乱暴だった子が、学習のまとめの文章を急に丁寧に書いたり、聞き分けのいい子になったりします。だからといって、「いい子になってよかったなぁ」などと結果オーライにとらえるべきではありません。その状態自体が、本来の「その子」ではないからです。

個人日記の記述のトーンや提出状況などから、子供の中でいまどのような変化が起きているのかを推し量ることが大事なのです。そして、一大事になる手前で救ってやらなければなりません。ですから、日記を返すときにそれとなくメッセージを添えます。

「Aさんも、いろいろあるよね。でも、いままでよりも人の気持ちがわかるようになったんじゃないかな。それはすごく大切なこと。先生はちゃんとAさんのことを見ているよ」

心細くて自分が小さく思えるときに、「先生は自分を知ってくれている」と思えるのは、とても大きな救い、励みになります。

個人日記で自分の心情を吐露する子は、放課後にグループで来られない子です。だから、日記で伝えてくるのです。助けを求めているときもあるし、自分の状況を知ってもらいたいだけというときもある。しかし、教師との何らかのかかわりを求めていることは明白です。だから、「きみを見ている」というメッセージを添えてできるだけ早く返してあげます。

＊

毎朝、教室には日記回収箱を置いておいて、日記を書いてきた子はそこに入れます。もし、自分が出すのを知られるのが嫌な子は早めに来て出す、しかも裏にして名前がわからないようにして回収箱の蓋を閉める、というルールです。

中を覗くのは、絶対に厳禁。「そんなことやったら、ただじゃすまさないよ」と日ごろから厳しい口調で言い聞かせます。「だいたい、きみたちは日記を人に読まれてうれしい？　日記だから、個人の記録だから、交換している先生以外の人に見せるものではないよね？」

回収箱は教卓の上、先生の聖域。絶対に触っちゃいけない、立ち入ってもいけない立入禁止ゾーン。そこまで徹底しておけば、悩みを抱えている子の日記を読まれる危険は皆無になります。

日記を書いてきた子にはシールをつけます。「よし、きょうはバナナのシールをあげよう」こうしたご褒美を目当てに書いてくるご褒美マニアが誰かしらいますから、そうした子の日記に紛れてしまうので、悩みを抱えている子も提出しやすくなります。

共にいる

授業が終われば、子供たちのいる教室からしばし離れて、職員室で一息つきたくなることもあります。教員生活に慣れてくると、授業以外にはだんだんと職員室に居着いてしまいがちです。しかし、私はそうしたい気持ちをグッと堪《こら》えて、なるべく彼らと共にいる時間を増やすようにしていました。

特に、私の場合は掃除です。いつも子供たちと一緒にやっていました。いい大人が汗だくになって、掃除をする姿を子供に見せるわけです。私は汗っかきですから、全身びしょ濡れです。別に掃除でなくてもよいのですが、このように子供と共に同じことをやる教師の姿を見せることが大切だと思うのです。

少なくとも、1学期のうちは、子供が帰宅するまでの間、ずっと側にいるようにします。休み時間も一緒に遊びます。

これにはほかにも理由があります。学級には友達の輪に入っていけない子が必ず数人はいます。そこで、遊びを通して彼らを引き込んでしまうためです。

学級の子供は、放っておくと、小集団グループを形成していきます。最初のうちは流動的ですが、次第に固まっていって、最終的には子供のグループ間移動ができなくなります。ひとたび所属するグループから離れてしまえば、もうほかのグループに行けずに独りぼっちになってしまうことになります。

私は、こうしたグループをつなぎ合わせて、独りぼっちになる子をなくすようにしていました。たとえば、学級にAとBという大きなグループがあったとしたら、それぞれのグループの中心となる子に「みんなでタグラグビーをやろう」ともちかけて、AグループとBグループを結びつけます。

すると、グループに所属できない子が、タグラグビーの遊びに入ってくることができるようになります。なぜなら、タグラグビーの主催者は、グループの中心者ではなく、教師である私だからです。だから、子供たちは、安心して私に「先生、わたしも仲間に入れて」と言えるわけです。私は「どうぞ」と答え、休み時間に子供たちの新たなまとまりをつくってしまいます。

4月～5月あたりは特に遊びを通した集団づくりの大切な時期となります。そこで、ほかにも、いろいろなゲームをしたりしていました。

「きょうは朝から新しいゲームをやるから…」と、前の日から黒板のど真ん中に書いておきます。「やりたい人は校庭に集まれ！」

すると、朝早く来た子供たちが気づいて教室を飛び出し、校庭でラインを引いている私の元に集まってきます。ワクワクした顔をして私の顔を見上げます。「先生、今日は何するの？」

おもしろいルールがあるゲームはいくつもあります。どんなゲームでも、実際にやるとなると、すごくたいへんなのですが、集団づくりにはもってこいです。特に、1学期のうちは、中休みや昼休みに頻繁にやってました。「先生、またやろう」「ああ、わかった、わかった」という具合です。

たとえば、「肉弾」というゲームです。ルールは、ざっと次のとおり。

まず、校庭に歪な円を描くようなカタチでラインを引きます。

次にAチームとBチームに分かれます。Aチームはスタートラインからボールを上手に受け渡しながらゴールを目指します。ただし、ボールは絶対投げてはいけない決まりです。

肉弾のルール

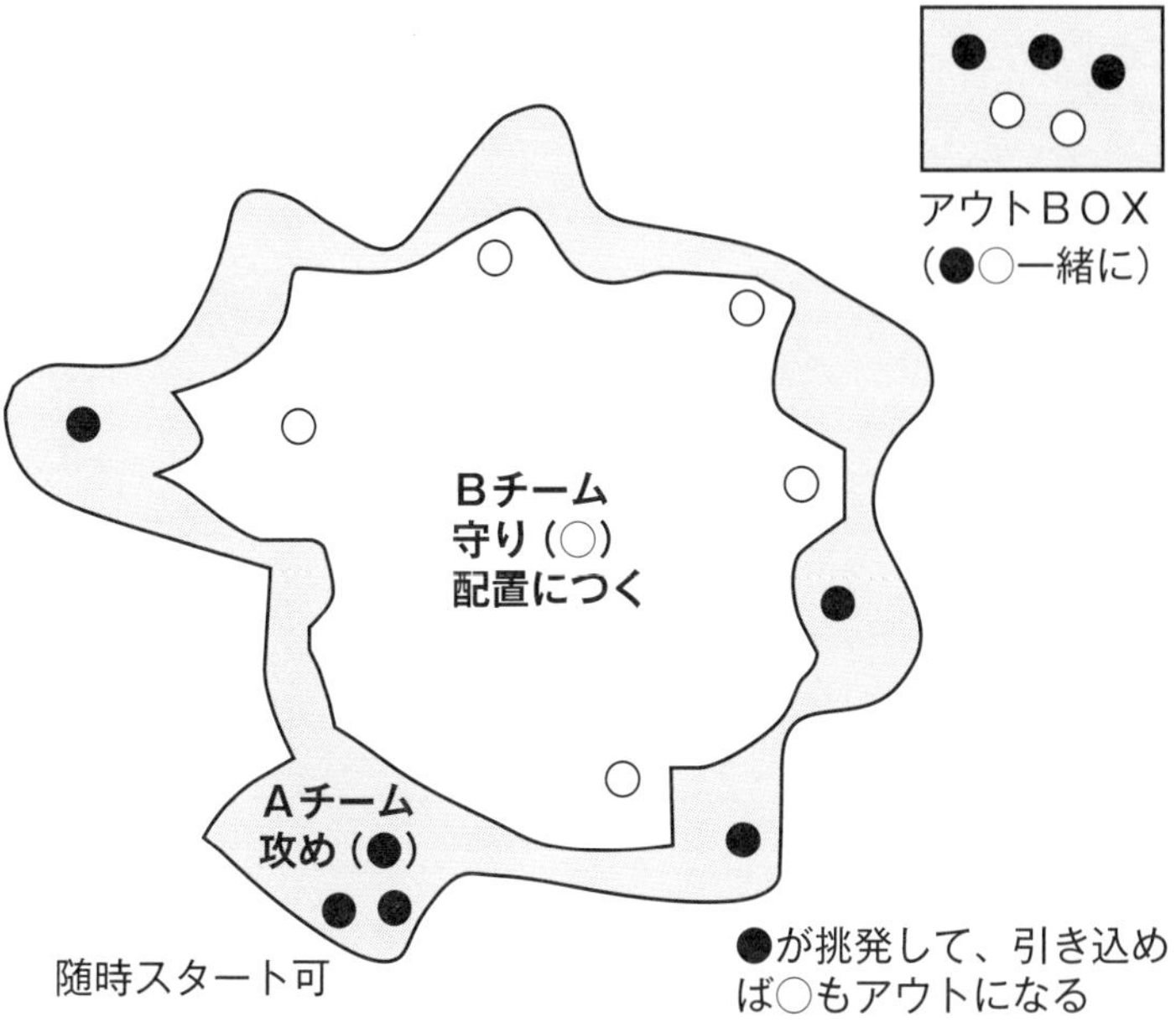

どちら回りでもよい。
ボールを落とさず、投げず、１周回ればＯＫ
すると、もう１回攻め側になる

■ ルール ■

①校庭にラインを引き、AチームとBチームに分かれる。

②Ａチームはお互いにボールを手渡しながらラインを進む（ボールを投げるのはＮＧ）。無事一回りしたらＡチームの勝ち。途中でボールを落としたAチームの負け。

③Ｂチームはライン内で待ち伏せして、Ａチームがラインを１周する前にボールをもった子をラインの外に押し出すか引き入れる。転ばすのはＮＧ。ボールを持った子をラインから押し出されたらBチームの勝ち。

④押し出された子はアウトBOXに入る。

一方、Bチームはチームを待ち伏せします。そして、ボールをもってラインを進もうとするAチームの子をラインの外に突き出すか手前に引き入れるとアウトBOX行きとなります。

最終的にボールが一回りしてゴールに辿り着いたらAチームの勝ち。一方、Aチームの子がボールを落としたり、ボールをもっている子がラインの外に出されたらBチームの勝ちとなります。

結構強烈で、男子と女子が手を引っ張り合います。高学年になると、男女で手をつないだりするのに抵抗感を覚えはじめますが、そんなことはお構いなし。最初のうちは、恥ずかしがったり、おっかなびっくりだった子も、次第にのめり込んでいきます。

ラインから一歩足が出るとアウト。ただし、Aチームのほかの味方が1周してくれたら、また戻れる。ボールを途中で落としてもAチームはアウト。ボールを持っている子をBチームがうまく押し出したらチームチェンジ。だから、自分が倒れそうになったら、ラグビーみたいに隣の人にボールを渡す。このゲームは本当に燃えます。

もちろん、怪我をしないように注意が必要ですが、いくらラインの外に向かって押し出すといっても、ラインの幅が狭ければちょっと押すだけでも、「あっ」とバランスを崩します。ですから、転ばすのは違反です。

もともとは特別活動の本か何かに載っていたゲームで、「ひまわり」という名称でした。

肉弾のイメージ

ですから、最初に引くラインも、ひまわりのカタチにするものでした。ところが、私たちは、これをいつしか「肉弾」と呼ぶようになったのです。体が弾丸のようにぶつかった相手を引っ張り込んだりするから。ある子供が言いはじめ、私たちのゲームとなっていきました。

子供たちは自分たちで少しずつアレンジします。運動が得意な子、苦手な子、コミュニケーション力が高い子、大人しい子など、学級にはいろいろな友達がいることを鑑みて、自分たちの身の丈に合ったルールにしていくのです。

ただし、どれだけルールが変更されても、Aチームが1周する最初のラインを引く権限は私にあるというレギュレーションにします。それは、ラインをどう引くかによって、このゲームの難易度を決定できるからです。ときには、すごく細い通路をつくったり、大きい休憩場所をつくったりしてコントロールしていました。

大きさは、およそ10メートル四方。1周するには結構な距離です。だから、校庭の真ん中を陣取るとほかの子に悪いから、端っこのほうにドカーンと描く。

私もAチーム、Bチームいずれかに入って一緒にやることもありましたが、審判を務めることが多かったように思います。そのほうが子供同士もめないので、彼らにとってみればよかったかもしれません。

「ラインを出た！」

「いや、出てない！」

「痛いっ！」

「強く押しすぎるよ～」

ときには、ケンカになって泣き出す子も出ましたが、「細かいことをいちいち気にしていたら遊べない。それも含めて楽しいんだ！」などと言って、遊び合う集団をつくっていきました。

しばらくすると、放ったらかしにしていても、自分たちの好き勝手にやりはじめるようになります。そこで、2学期ぐらいになると、「もう、いいや、先生が入らなくてもいいよね？」と言っていました。

ただ、子供のほうから「先生、来て。でないとケンカになるから」と誘ってきたときは別。公平に裁いてくれる教師の存在を必要とされた場合には、つき合います。

こうしたゲームは、ほかにもいろいろとやりましたが、私の場合、一番長続きしたのが、この「肉弾」でした。

沈黙や表情で意図を伝える

たとえば、授業中に子供が無駄口をたたいていることを咎めて、大きな声で「静かに！」と注意する先生が、私はどうも気になります。さらにひどいと思うのは、人差し指を口元に当てて「シーッ、シーッ」と促すことです。その姿を垣間見ると、「犬猫ではあるまいし」と、とてもがっかりしてしまいます。

また、大声をあげて叱責するのもどうかなぁと思います。中には、「静かにしなければいけないのは、あなたのほうだろう」と思うような教師もいます。発問も吟味しないで、しゃべりたいだけしゃべり続ける教師です。子供が書いている途中でしゃべり続ける先生もいます。

一方、無駄口をたたいている当の子供はというと、周囲のみんなに自分の話を聞いてもらいたいわけですから、教師の声よりも大きな声を出しはじめます。自分の無駄口が教師の大きな声にかき消されるので、自然に力んでしまうのです。

その声にさらに覆い被さるように教師も大声を出しはじめれば、当然のことながら双方の声は大きくなる一方です。結局、教師の声が大きくなればなるほど、子供たちは余計にワイワイ・ガヤガヤ、そんな悪循環となります。

音がいくら吸収されるにしても、教室の空間は限られています。どれだけの声量が適切かはおのずと決まってきます。一日中、教師の大声を聞かされれば、「うるさいな、この先生。もうわかったよ」などと思ってしまいます。本人は、一所懸命のつもりなのでしょうけれど、その大きい声が子供の集中力を拡散させ、彼らの落ち着きを奪っていることに気づいていません。

では、どうすれば子供たちを静かにさせられるのか。先生が間《ま》をつくる、この一点です。

授業中、ガヤガヤしはじめたら、黙ってじっと見る。しばらくすると、先生が怒っていることに気づく子が出はじめて、波紋のように広がって静かになっていく。それが理想です。こうした対応ができるように、学期はじめの段階から、次のように指導します。

「騒がしくなって先生が怒っていることに気がついたら、きみたちが注意してあげてね。先生が叱りつけるのと友達同士で静かにしようと言い合うのと、どっちがいい？　どっちがいい集団？　どっちの教室が幸せだと思う？」

このように問い続ければ、子供は子供なりに理解しはじます。ただ、最初のうちは、優等生的な子供が率先して「静かにしてください！」と大声で注意してしまい、ケンカになってしまったりするのですが、そこは段階的なものです。次のように軌道修正します。

「先生の代わりに大声で注意すると、Aさんがまるで私の弟子みたいになってしまうから、大声はやめよう。もっとソフトにいこうよ」と言います。「それに、うるさくしている子だけが気づくようにそっとできたら大したもんだ」

こうした理解が共有されると、教師としては、ガヤガヤがはじまったら間《ま》をつくるだけです。それだけですーっと静かになります。やってみれば絶対にわかります。

この方法は発達段階を問いません。すべて共通、1年生でもできます。低学年だと、友達から促されても、おしゃべりをやめない子もなかにはいます。それでも、辛抱強く続けているうちにだんだんと静かになります。

「今日は20秒かかったな」とか、「おっ！　今日は10秒で静かになったよ。すごい成長じゃないか」などと子供の行動をそのつど評価します。そうすれば、そもそも「静かに！」などと声を張る必要がなくなります。

学習評価は、教師が先読みしたイメージが大切

授業の個別指導の話です。

私が教育実習生のころ、授業後に指導教官から次の指導を受けたことがあります。

「あなたは、授業中にAさんとBさんのところへは行きませんでしたね」そう言って、授業中に私が教室内のどこを歩いたのかを線に描いた図を見せられました。

すべての子供たちの席をまんべんなく回ることがよいとされていた時代です。当時、個別指導は机間巡視と呼ばれていました。しかし、いまは違います。机間指導と呼んでいて、支援が必要な「あの子」のところに一直線で行くことがよいとされています。

実際、すべての子供が教師による直接的な支援が必要なわけではありません。発問一つでも思考を駆使してすぐに考えられる子もいれば、迷っている子もいます。なかには、発問の意味さえわからず頭を抱えている子だっています。

担任であれば、子供たちをよく観察することでわかります。子供たちをすべてまんべんなく見てまわるのではなくて、「さぁ、考えてみましょう」と促したら、困っている子の元にスッと直線で行って最短距離で帰ってくるわけです。

このことは、評価にも通じます。評価規準を書く際、子供たちの着想や行動を先読みできれば、評価規準の具体像を指導案に明示的に書くことができます。その際、B規準すれすれの子を想定して書いておくことが肝要です。

「Aさんは、よく調べていたから、きっとこんなふうに書いてくるはずだ」と想定して、実際に書けたらB評定、その言葉が落ちていたらC評定で、その場合にはこんな助言をしたりこんな手立てを講じると考えておく。「Bさんはじっくり考える子だから、おそらくこんな視点を盛り込むだろう」と想定して、その視点が盛り込まれていればB評定といった感じです。

授業中、誰の元に行くかも、学習活動を評価するのも、共に教師が先読みした想定（イメージ）がとても大切なのです。

いじめにつながる予兆は瞬間的にわかる

子供を見ていれば、いじめはわかります。

そうした予兆は、子供の目に現れます。しかし、ただ漫然と子供の目を見ていてもわかりません。では、子供の目をいったいどのように見るのでしょう？

——それは、目配せです。

もし、自分の学級にいじめがあるか確かめたかったら、子供たちの不意をついて、次のようにつぶやいてみるのも一つの方法です。鎌をかけると言い換えてもよいかもしれません。

「いつも言ってるけど、先生は、どんないじめも許さないよ。まさかこの学級にいじめなんかないよね？」

すると、（いじめの予兆がある場合には）子供たちの何人かが素早く視線を動かします。「あれっ、もしかして何かバレたのかな？」という目配せです。隣の子へ、あるいは斜め前の子へと、ピンボールのように目配せが飛び交います。

いじめについては、とにかく密告

私は、いじめについては密告しなさいと言っていました。**「密告するのは何が悪い。しなかったらどうなる？　いじめを見かけたらどんどん密告。その代わり、密告した子が絶対にバレないように解決してみせる」**そんなふうに最初に宣言していました。

「いままで先生、誰が密告したのか、一度もバレたことはないからね。だから安心してそうすると、いじめがあったことを子供が知らせてくれるようになります。深刻化する前段階のいじめです。あの子がこの子をいじめている、ということがおおよそわかります。このとき、いじめていると言われた子にすぐに話をしたりはしません。次の段階は現場をつきとめること。

いじめているそぶりがないかを気をつけておき、そのような言動を見かけたら、「いま、きみは〇〇さんになんて言った？」と耳打ちするわけです。「ちょっと来なさい」

で、二人きりになったら、（たとえたった一人の、たった一つの情報であっても）「実は、いくつもの情報が私の耳に入ってきています」とハッタリをきかせます。「誰が先生に言ったの？」という話にもっていかせないためです。そして、「これ以上は言いません。自分の口で言うように」と試すようにうながします。ここまで来れば、たいていはちゃんと言います。

ときには、保護者を呼ぶこともあります。それは1回目にはちゃんと言わなかったり、誤魔化したり、謝ってもまたいじめをしたときです。

「次は、家族と一緒に考えなければならなくなるよ。これは人間と人間の約束だよ」

「もし、またこんなことがあったらお家の人を呼ぶよ。そのとき、先生を恨んだって遅いからね」

このように、追い込むところは追い込みます。ここは正直に言わないと許してもらえない、という心情にもっていくのです。結局、お互いの関係ができているから、言ってくれるわけです。

しかし、言わない子は、頑として言いません。

以前、一度保護者から次のように言われたことがあります。

「最初の1回目から、私たちを呼んでほしかった」

正直、どちらが正しいのかわかりませんが、私は最初の1回は子供を信じたかった。

子供を信じる教師の姿を子供に見せたかったという思いがあります。

「何でもお見通しの目」

先日、28歳になったかつての教え子たちが我が家に遊びに来ました。そのうちの一人が名古屋にお嫁に行くというので訪ねてきたのです。昔のことを懐かしくおしゃべりをしていると、一人の子が次のように言い出しました。

「先生にはね、ちょっと何かあるとすべて見抜かれたんだよね。いつもみんなびっくりしてたし、すごかった」

当時の卒業アルバムを紐解くと、学級のページには、子供が描いてくれた私のイラストがデカデカとあって、いろいろな吹き出しがつけられていました。頭であれば「アートネイチャー行きの心配のある髪の毛」、腹であれば「五十段腹、中年の宿命」…怒らない、怒らない…。そして、イラストのなかの私の目には、次のような吹き出し。

「何でもお見通しの目」

それがどれだけ真実をついていたかといえば、自分のことながら眉唾です。にもかかわらず、子供たちはそう書いた。ココが重要です。実際には、それほど目が行き届かなかった私に対する評が「何でも見通す教師」、つまり子供たちにはそう見えていたということです。「ちゃんとそう思わせることができていたんだなぁ」内心そんなふうに思いました。

実は、**「子供にそう思わせる、思い込ませる」ことができなかったら、教師は務まりません。**

また私は、ちょっとした日常の諍《いさか》いであっても、いじめにつながる、助長する言動を許しませんでした。「いじめは先生である私を敵に回すこと」ときつい調子で言っていました。その一方で、休み時間など子供たちと一緒に無邪気に遊ぶように心がけていました。

このような両面、抱き合わせが大切だと思います。子供に近づくことと、少し上から子供を見下ろすようなオーラを出すこととの双方のバランスです。

子供たちにとって、ときに教師はよき裁判官であり、よき警察官でもある必要があります。ときには、カウンセラー的な役回りが必要な場面もあるのですが、それだけであってはいけない。まして、友達であってはならないのです。それは、第一に子供たちのためであり、ひいては教師自身のためでもあります。

だから私は、常日頃から「きみたちのことは、すべて見抜いているぞ」というオーラを意識的に発していました。本当にどれだけ見抜けているかは問題ではありません。「いつだってわかっているぞ」という顔をするわけです。

その一方で、情報収集を丹念に行います。

日ごろから、専科の先生やT・Tの先生、養護の先生と仲よくしておいて、「どんな小さなことでもいいので、何か見かけたり聞いたりしたら教えてください」と頼んでおくのです。ときには「Aさんのことで気になることがあったら教えてください」と。

かつて子供たちが描いてくれた澤井…

すると、「Aさんは疲れた顔をしていましたよ」「Bさんは、グループの子たちと仲違いをしていました」といった自分の学級の子供たちのいろいろな情報が自分の耳に入ってくるようになります。

こんな情報ネットワークをつくっておくと、子供たちを前にしてのハッタリも、少なからず説得力をもつようになります。

女子会

先ほど紹介したかつての教え子は、ほかにもこんなことも言っていました。「女子会が本当によかった。とても記憶に残ってる。先生が同席してくれる女子会だったから、あの場では素直に自分の気持ちを話すことができたんだよね」

「かえって面倒だったんじゃない?」と尋ねたところ、「ううん、すごくよかった。だって、みんなと仲良くなれたもの。たぶん先生が思っていた以上にギスギスしていたから…」

高学年になると、女子はお互いに揉めることが多くなります。男子に比べると思春期も早く迎えるので、いろいろなトラブルが増えます。

教師が男性なのか女性なのかによっても多分に違うだろうと思いますが、特に男性教師の場合は、高学年の女子とそれまでにはなかった距離が生まれてしまうことがよくあります。

女子のほうも、教師に反抗してきたりもするし、その距離感を推し量るにしても、微妙なバランスとタイミングを必要とします。また、高学年の女子は、子供同士であっても、面と向かっては話ができなくなるとも言います。

そこで、「仲違いをした」とか「Aちゃんがいじめられた」「グループから外されちゃった」といった情報が耳に入るたびに、私は彼女たちに、いまで言うところの女子会をもちかけていました。「何かあったら女子会をやるから言ってね」と。

まずは放課後の教室、トビラをぴしゃっと閉めて、男子禁制。車座っぽく机を並べます。私もその輪の一つに座って、「今日はどうしたの？」と振ります。そんな女子会でした。すると、ぽつりぽつりとですが、彼女たちが自分の言い分を言い出します。

それに呼応する形で、

「みんなは、それでどうしたいの？」

「何が解決だと思う？」

と促して、女子会に参加したすべての子が自分の思っていることを口にするように仕向けていきます。

本来であれば、私が司会進行役を務めるような女子会などではなく、彼女たち自身で話し合って解決していけるほうが遙かによいのです。しかし、彼女たちは「先生がいてくれるほうが安心してしゃべれる」と言うわけです。

おそらく、子供たちは心のどこかで「先生がいれば、どこかでちゃんと価値づけてくれる」と思っていたんじゃないかと思います。よき裁判官として「それがいいんじゃない？」とか「それはいけないんじゃない？」とか、ときには「それはひどいんじゃない？」と言ってくれる。その上で、「どうすれば解決できると思う？」と促してくれる。だから、それ以上の揉めごとに発展せずに建設的になれる。そうであるからこそ、自分の意見を否定されても、怒られても、安心して生活を送ることができた、というわけです。

きっと、女子会そのものが、女の子の揉めごとを解決する特効薬だったわけではないのだろうと思います。結局、女子会は教師である私が利害の異なる子供たちの間にある衝撃を吸収する、いわばバッファ（緩衝地帯）の役割を果たしていたのでしょう（ですから、安易に形ばかりの女子会を開いても、教師も子供もひどい目に遭うかもしれません）。

教師が水を向け、引き出してあげる。そうしてもらえると、お互いに角をつき合わるばかりだった局面を抜け出せる。先生の言葉に乗っかることで、安心して自分の思いを口にできる、ほっとできる。このようなロケーションが、きっと彼女たちには必要だったのでしょう。それが、私の場合には教師主催の女子会だったというわけです。

他方、よく「あなたたちでよく話し合って、その結論を私に言いに来なさい」と言って、自分は職員室に引っ込んでしまう教師がいます。それはそれで悪いとは思いません。しかし、その教師が期待するような話し合いには、なかなかならない気がします。むしろかえって揉めてしまう危険性もつきまといます。

また、当事者の子供たちを個別に呼んで話を聞き、教師主導で解決していこうとする教師もいます。場合によりけりですが、よほどひどいいじめ問題などでない限り、この方法もうまくいかないと思います。

個々別々に呼んで話を聞くと、往々にして「Aちゃんは、○○と言ってたよ。だから先生はこう思うけど、どう?」というやりとりになりがちです。そうすると、自分のあずかり知らないところで自分の悪口を先生に告げ口されたと感じて怒りが増幅し、揉めごとが解決するどころか、かえって深刻化してしまうことが多いように思うからです。

そこで、私は最初に取り仕切ってしまったわけです。

「この場は、とにかく思いを伝え合おうよ、お互いに誤解のないようにね。その代わり変なことを言ったら、先生が止めるからね。この場で終わりにしよう。ここで終わりだよ」と言って、話し合いをスタートします。「後から恨んだり、文句を言ったりしてはいけない。言うなら、いまこの場で言おう」そういう場にするわけです。

ときには、個別に呼ぶ場合もあります。いじめが進行してしまっているようなときです。このような場合には、当事者を一堂に会しても何の意味もありません。いじめている子といじめられている子を向かい合わせても、何の解決にもならないからです。そのような場を設けたところで、いじめられている子は、「私はいじめられてはいません」、いじめている子は「私はいじめていません」と言うに決まっています。

そこまで深刻な状況ではなく、何となくギスギスしているとか、グループからのけ者にされているという場合には、のけ者にされているその子を除いて（その子にも趣旨を事前に伝えておきます）、残りの子たちを集めて女子会を開きます。

そんなときには、次のように切り出します。「どうしてみんな救ってあげないの？」

すると、「だって、Aちゃん、〇〇なんだもん」という話が出てきます。

「それって本当に仲間はずれに値することなの？　ちょっとみんなで意見を交換しようよ」ともちかけます。

可能な限り、彼女たち自身で仲間はずれをやめさせる、問題を解決できるように仕向けていくのです。つまり、子供たち自身に結論をつくらせることが大事なのです。

教師を仲介役にして、自分たち自身が問題提起を行い、話し合い、利害の対立を乗り越えて、私たちの結論をつくっていけた、このことが大人になっても変わらない彼女たちの自信につながっていったのだろうと思います。

そうであったからこそ、我が家に挨拶に来た教え子の脳裏に、あの「女子会」が焼きついていたのかもしれません。

女子会の副次的効果

いまになって考えると、これらはまさに言語活動の充実の学級経営版だったのかもしれません。

高学年の女子は、大人が考えている以上に、思考しているし、自分の思いや考えを表現できる。だから、女子会を重ねていくうちに、授業においても、その子たちの書いた文章がみるみる向上していったのがわかりました。そんな副次的な効果があったのです。

ある意味、利害が完全に対立した状態での厳しい環境下での話し合い活動です。切実感もひしひしとしたものがある。どちらが正しいかを決するわけではないから、ディベートとも違う。みんなで答えをつくりましょうと、いわば社会科的な落としどころを探すという活動の中で鍛えられたのかもしれません。

学級会みたいな形ではなくて、本当にみんな追い込まれます。「あなたはどう思うの?」「本当にいいと思うの?」と言い合うわけですから。

「いけないと思う」と答えても、同級生から「いけないと思ってたって、とめられなかったわけでしょ」と押し込まれてしまうわけです。

こんなとき「なんで、とめられなかったと思う?」と教師が合いの手を入れれば、いままで言わなかったような本音が自然と出てくるのです。「とめようとしたりすれば、今度は私の番になってしまうかもしれないと思ったし…」

こんな話し合いを積んでいれば、授業のときでも本音を話すんだという習慣が身についてきます。

発言はもとより、文章もしっかり書くようになります。ノートやワークシートにも、自分の気持ちを表現してもいいんだという雰囲気が生まれました。すると、わかったことをもとにして、私はこんなふうに思いました、あんなふうに考えましたということを表してくれます。

私は授業の終わりに必ず子供たちに感想を書かせ、その感想のなかから「これは」と思うものをピックアップしてコピーし、それを配付するところから次の授業をはじめていましたが、この感想の内容が変わっていくのがわかりました。通り一遍の感想だったものが、次第に書く分量が増えてきて、内容の深度も深くなっていったのです。

問題に向ける目と問題解決に向かう目、「私は」「社会は」という言葉も生まれていきます。振り返りのときには、学習問題を振り返るだけではなく、それを突き抜けて、「産業は」「工業は」「私は」「社会は」という文脈で書いてくる感想が増えていきました。

いま知ったこと、理解したことを踏まえ、自分を客体化して「いまの自分は」「将来の自分は」という見方のフィルターを通して感想を書く。まさに課題が自分事になっていることの証左だろうと思います。

また、女子会はきっかけではあって、フィルターそのものは、もともと子供たちがもっているものなのだろうと思います。ただ、女子会を行う前は、「自分の本当の考えを書いたりしてはいけない」と無意識に思い込んでいたのではないかと思います。

教師は普段「自分の思ったことを書きなさい」と口にはしています。しかし、子供が本当に本気にならなければ、彼らの意識は、内容にしか向かっていない、黒板に書かれていることにしか向かっていきようがないのです。

しかし、ひとたび本気になりさえすれば、それまでとはまったく違うことを書き出すかもしれないのです。その前提として、「自分が感じ考えたことを本当に書いてもいいんだ」と思えるようにすることが大切なのではないかと思います。

学習内容を、自分事に引き寄せられるようになっていった――彼らにとってはそういう時期だったような気がします。

子供になったつもりで、彼らの椅子に座ってみる

自らの授業力を鍛えるために、さまざまな研究授業を参観される先生方は多いと思い

ます。私はそうした授業参観には、大きく分けて二つのパターンがあると考えています。一つは、同じ教師としての視点から、授業者の指導の様子を参観するパターン。これは、授業者の手法を垣間見ることで指導上の新しい発見を得るという一般的な参観の仕方でしょう。

もう一つは、自分がその学級に所属する一人の子供になったつもりで授業を参観するパターンです。「授業者である先生は、私たち子供に何をしてほしいのだろう?」「自分ならみんなの前でこんなふうに発言する」「Aさんは何が言いたいのかな?」とシミュレーションするような参観です。

実は、この2つ目の参観は、自分の日々の授業で伝えたいことが子供たちに届いているかを振り返るたいへんよい機会となります。

子供目線の大切さはよく言われていることです。しかし、相当自覚的でないと、なかなかそのような目線にはなれないものです。

でも自分の行った授業後に、教室の子供の座席に座って、自分の書いた黒板を見てみたらどうでしょう。思いも寄らなかった子供の気持ちに気づくことができます。

挙手をし、立ち上がって、みんなの前で発表する。それだけのことをするために、どれだけの勇気を振り絞らなくてはならないのか、大人になると意外と忘れてしまっています。まして、答えを間違ってしまったら、どれだけ恥ずかしい気持ちになるものなのか…。

子供目線になるというのは、子供たちがどのような思いをもって授業を受けているのかを想像することだと思います。

子供になったつもりで授業を参観すれば、「その指示だと自分は手を挙げられないな（一握りの子しか答えられないな）」と感じる、授業後、子供の席から自分が書いた黒板を眺めれば、「これだとわかりにくいな」「後ろの子にはよく見えないな」ということがわかってきます。あるいは、体育の時間に自分も体育座りして子供の中に入っていけば、いつもそわそわしながら手を挙げられずにいたあの子が、なぜ発言できなかったのかが見えてくることでしょう。

もちろん、子供におもねるような教師であってはいけないし、個に振り回されてもいけないと思います。しかし、自分ともう一人、子供である自分を対極として、ときには子供の側に軸足を置いて黒板を見つめてみたり、子供がみんな帰ったあと、後ろのほうのAさんの椅子に座って黒板を見てほしいと思います。教室の隅にいたら黒板がどのように見えるかということを確認していくと、いろいろなことがわかります。

黒板の下のほうに書くと文字が見えないな…

Bさんは今日一日、1回も声を発しない45分間が5つもあったな…

彼が発言できるような発問をするべきだったんじゃないかな…

このように子供の目線から教室の風景を眺め直せば、それによって授業づくりが変わります。みんなが活躍できるように、もう少しグループ活動を入れる必要があるな、などということがわかってきます。いつも子供たちから見られている状態に対する意識をしっかりもつということです。そういう教師自身の振り返りです。

今日一日、Cさんは私のことをどう見ていたのかな…

逆に、私はCさんのことを見てあげたかな。子供たち40人分の1になっちゃったかもしれないな…

そう思えるだけで、教師の「あした」が変わると私は思います。

全部が一度によくなるはずはありません。でも、学級には35人、40人といるのだから、35回、40回の授業の1回には、必ず誰かが主役になれる場をつくることです。「先生ー、お手伝いするよー、何かある？」などと自分から声をかけてくるような子であれば、放っておいてもいいくらいです。ぐんぐん伸びる子は、勝手に伸びていきます。教師は、ただその子が伸びていくのを邪魔しなければそれでよいのです。

しかし、「言いたくても言えない」「言える子がうらやましいなあ」と思って、遠巻きに見ている子もいます。そうした子供たちを、彼らの目線で見られるかどうかです。「40人分の1」ではなくて、やっぱり「（1分の1）×40」というとらえが大切なのだろうと思います。

終章

教育は、理屈だけでは語れない

はじまりの日

4月6日、子供たちと初顔合わせの日です。

生憎の曇り空、朝礼で校長先生から紹介してもらうと、私は子供たちが待つ教室に向かいました。階段を上っていくと、何とも言えない雰囲気が漂っていることに気づきます。

およそ担任が替わる新学期の教室というのは、何かしらザワついた空気が漂っているものです。どんな先生なんだろう？　期待と不安。そんな気持ちが織りなす緊張感です。

しかし、そのときの空気は、私が知っているものとは全く違うものでした。ピーンと張り詰めている。まるで押し殺したような何か、負の感情が渦巻いているような雰囲気でした。

校長先生からある程度の話は聞いていましたが、私は、自分の目の前の光景を眺めながら、「これは想像以上だったな…」と頭を振り、ため息をつきました。

8人ほどの女子が横並び。教室には入らず廊下で足を投げ出し、人形みたいに座っている。当時、流行ったルーズソックスが16本並んでいる。茶髪もチラホラ。お互い目配せしてクスクス笑い。教師の私は蚊帳の外。誰も顔を上げようとしない。

教室を覗くと、机に向かって座っている子は10人もいない。しかも、掃除のときみたいに机が後ろに下げられている。黒板と前列の机の距離が遠い。この物理的な距離は、自分たちと教師との精神的な距離。わかりやすいと言えばわかりやすい。彼らの無言の意思表示です。

私は、教室にいる子と廊下にいる子の人数を数えました。人数が足りません。教室の窓から校庭を見下ろすと、チャイムはとっくに鳴っているのにボールを蹴って遊んでいる子たちがいます。

やれやれ、残りはきっとあの子たちだな、私はそう思って、「ほら、みんな教室に入れ、入れ」と大声で教室に入るよう促しました。廊下で座っている子たちにも声をかけ、何とか子供たちを集めて教室に全員入らせました。

「まずは、机をもっと前に出して」と指示を出すと、一瞬、どうしようか?といった目配せが飛び交った後、仕方ないかと言わんばかりに移動しはじめました。

初日から怒鳴るわけにもいかないから、「先生は、前の学校で、きみたちの一つ上の卒業生を卒業させてきたんだよ」と切り出しました。「きょうから新しいスタートだね。一緒にがんばろう」

しかし、どの子もむずかしい顔をしていて、とても仲良くやろうという雰囲気ではありません。だからといって、その学級で以前に何があったのかをほじくり返すことは言いませんでした。

「ちょっときみたちのことを知りたいから、いまの気持ちを文章に書いてよ」と私は言って紙を一人一人配りました。「タイトルは何でもいいけど、まぁ、『6年生になって』とか、これからしてみたいことを先生に教えて」

何かしら探れるかなと思ったのですが、これが甘かった。

ある女の子のところまで来て、紙を机に置いたら、バッとさらうように手にしたその子は、私の目の前でビリビリ破り、後ろに投げ捨てました。

私はびっくりして、しばらくその子を見下ろしましたが、まるで微動だにせず。私は肩をすくめて、もう1枚、その子の机に紙を置き、他の子にも配り終えて、再度書くよう促します。ある男の子の書いている内容を覗き見ると、次の一文が目に飛び込んできます。

「また嘘つきな大人がやってきた」

なかには、「楽しい学級にしたい」「友達と仲良くなりたい」と書いてくれる子もいましたが、あとからわかったのですが、いずれも学級の中ではあまり発言権を与えられていない子たちでした。「自分はちゃんとやりたいと思っているのに」「本当はこんなのはイヤなのに」と思っているのに、学級の雰囲気がそれを許さないのです。

学級を覆っていた負の空気の正体がわかってきました。それは、こういうことです。

「どんな先生が来たって結局は同じ。どうせいいことなんか何一つない」

こんな意識が学級を覆う瘴気となって、子供らしい溌剌《はつらつ》とした空気をかき消していました。そのため、どの子も自分の本当の気持ちが小さくなってしまって、お互いの心に目隠しをしてしまっていたのです。

まるで子供の荒れをテーマにした学園ドラマが、現実の世界に飛び出してきたかのような光景です。

学級内には、子供たちのグループが完全にできあがっていました。男女は、各17人、それぞれ3グループずつで、女子は一つ大きいグループがいつも威張っていて、そこに入れない子が2グループ、ちょっと目立たない子が一人か二人目立たないように過ごしている。

男子は遊ぶときはグループがほぐれたりもするけど、女子はガチッと固定化。きっと男女それぞれにリーダーがいて、「新学期、教師が来たら、こうやってやろう」とあらかじめ示し合わせていたに違いないと私は思いました。

そんな彼らの姿を見て、私は思いました。

「まず何よりも、お互いを知り合えるようにしなければ…」

心の氷を解かす

私はまず、時間を見つけてはゲームをすることにしました。たとえば、教室で座っていてもできるチーム制の「イレブンゲーム」。

全員立ち、1からはじめて順番に数字を言っていく。3つまで言える。11を言わなければならなくなった人は負けで座る。

たとえば、前のチームの最後の子からスタートしたとして、その子が「1」と言ったら、次のチームの最初の子が「2・3・4」、2人目が「5・6・7」と続けたとします。このとき、もし3人目の子「8・9・10」と言ってしまうと、4人目であるチーム最後の子は「11」と言わなければならなくなります（その子はチーム・アウトしてしまいます）。しかし、もし3人目の子が「8・9」までしか言わなければ、4人目の子は「10」と言えるのでセーフ。

もともとは、個人単位での生き残りゲームだったのですが、アレンジを加え、チーム制にしたのです。個人単位だと、常に自分以外の人をいかに蹴落とすかという意識になってしまう。しかし、チーム制なら、いかに自分のチームの仲間が「11」と言わないで済むかという方向に意識が変わります。つまり、このアレンジによって、知恵を働か

イレブンゲームのルール

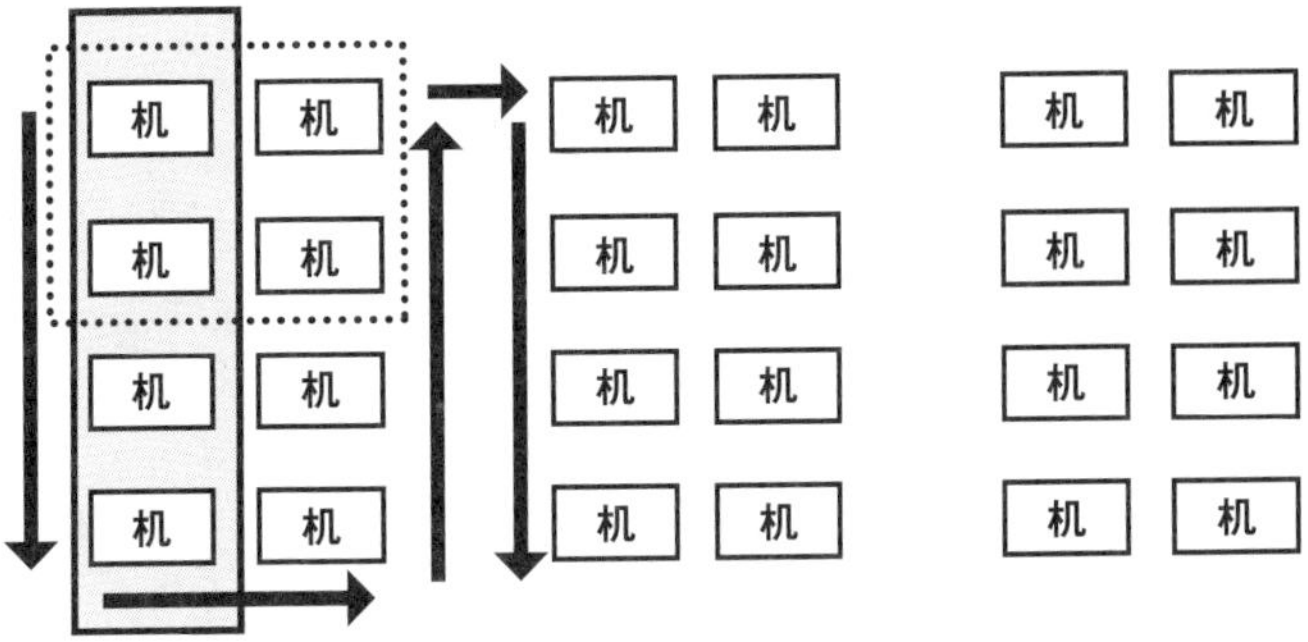

- たとえば、矢印のように進む（蛇腹のように）。
- その場合、　のグループと、　のグループとでは作戦が変わる。
- 出席番号チーム（①～⑤、⑥～⑩など）を作ったりしてやると、ややこしくなって面白い。男女対抗は単純だけど、わかりやすくて盛り上がる。
- 基本的には座席は動かず、机を動かすこともない。

せてチームの仲間を助けるという要素を加えたのです。しかもグループや順序を変えることで、次々と守るべきメンバーが変わります。

このゲームを行ったことの意図は、もうひとつあります。それは、学級内の固定化したグループではない、ほかのグループの子と交流するチャンスを設けることでした。

休み時間は校庭でゲーム。本編でも紹介した「肉弾」です。「やれば楽しいから。だまされたと思ってやってみてよ」と促して、コミュニケーションを図りました。

また、私自身の話をたくさんしました。彼らに話をさせるのはまだ無理だろうと思って、子供時代のこと、いま

イレブンゲームのイメージ

までに受けもった子供たちのこと、こんなことがあってどれだけ驚いたか、楽しかったかを話しました。これまでに私が培った学級づくりの術《すべ》を総動員して彼らに接したのです。

初動を間違えなければ、子供の信頼を取り戻せる

とにもかくにも、何とか1週間で授業がほぼ正常にできる状況を整えることができました。

幸運だったのは、「本当はみんなとも先生とも楽しくやっていきたい」と内心では思っていた子が半数近くいたことです。それともう一つは、強いリーダー性をもっている子たちに受け入れてもらうことができたことです。

それは、その子たちと徹底的にコミュニケーションを図ったからです。オヤジギャグを連発したり、ギターを弾いて見せたり、放課後に話を聞いたり、一緒に遊んだり、それはもう疲れるほどです。

学級は、本来子供たちがリーダー性を発揮して、集団を形成していくことが望ましいのですが、この学級に関しては、とにかくも最初のうちは、私が絶対的なリーダーにな

るしかないなと覚悟を決めました。「この混乱状況を治めるのは新たなリーダーが登場するしかない。しかし、今はそのような子は見当たらない。だったら、私がリーダーになるしかないな」という判断だったのです。

5月の連休が終わったころには、わりと落ち着きはじめていたし、教師の言ってることに乗ってくるようになっていたのですが、グループを組んでお互いを牽制し合う空気はなかなか解消できずにいました。特に女子にその傾向が強く残りました。

そこで、6月に行う運動会を活用することにしました。

私は、前に担任した学級の子供たちが表現活動をしている映像を見せました。早いリズムの曲に合わせて素早く体を動かし、グループごとにピタリと制止する、といった動きで、グループごとに工夫を凝らすので少しずつ異なります。

すると、子供たちからは、すごい！の声。

「やってみたい？」と尋ねると、男子は一斉に「やりたい！」と手を挙げました。

そこで、中でも一番むずかしい演技に挑戦している男子グループの演技を映し、「そういえば、これ何回か試してみたけど、女子で成功させたグループはないんだよね」とわざとつぶやいてみたのです。

すると、一人の女子が「先生、やってみたい」と乗ってきました。

一番大きいグループのリーダー的な子でした。

スピードと息の合わせ方は、ミニ・シンクロナイズド・スイミングのような難易度です。

でも、やりたいという。

それから、休み時間にグループで集まって猛練習がはじまります。もちろん体育の時間にも練習しますが、それでは全然足りないからです。数人はできても、全員の「動く・止まる」の息が合わなければなりません。そうした特訓が1か月近く続きました。私も毎回つき合うようにしました。

しかし、何度も練習するのだけれど、なかなか満足する出来にはなりませんでした。


ところが、運動会当日、不安な気持ちで彼女たちを見守っていると、なんと、本番で完璧に成功させてしまったのです。みんな、もうびっくり。私も「えっ！」という感じで彼女たちの雄姿を眺めていました。

すると、演技がピタッと終わった瞬間に、彼女たちはテントの前にいた私のところに飛び込んで来て、わんわん泣き出してしまいました。私は、彼女たちを褒めながらも、退場する列に戻しました。

周囲の先生方も、保護者もみな驚いていました。女子はもちろん、男子もみんな喜んだ。とてもうれしい瞬間でした。

この日を境に、少しずつ学級に明るい雰囲気があふれ、教師に向ける眼差しにも穏やかさが垣間見られるようになってきたのですが、だからといって、この学級の問題が解消されたわけではありませんでした。そんなに簡単ではありません。

友達同士のいざこざは、まだまだ続きます。たとえば、それまでリーダー的だった子供が仲間外れのようないじめに遭います。教師が新しいリーダーになり、それまでの学級内の価値観が変わってしまった影響かもしれません。

しかし、ここで私が強力なリーダーを急にやめるわけにもいきません。悲しい思いをしている子供がいたら徹底して守る、助ける、そう言って子供たちとの対話を繰り返します。

本当のいい組織というのは、自分たちで課題を見つける、自分たちで話し合いをもって解決する集団です。そのために必要なのは、大人社会も子供社会も同じく共に生きる力です。だから、本当は、教師がしゃしゃり出たりしないで、グッと引いていても、子供が自らの判断で動き出すことが大切です。

善悪判断がちゃんと身についていれば、自分たちで話し合っても自浄作用が働く。これがやはり理想なのです。そうであれば、子供にしても「先生、どうすればいいんですか？」などと聞く必要はありません。

残念ながら、私はそこまでのことはできませんでした。でも、とにかく、子供たちの中に入っていって、一緒に悩んで、ときには自分がリーダーになって、少しずつ、本当に少しずつ、話し合いを積み上げながら、学級からいじめを追い出していきました。

この学級での1年間には、とても語り切れないほどたくさんの出来事があります。

私はそれまで、「教師の指導は、若いうちは質より量で勝負！」、でもベテランになってきたら「質で勝負！」などと言っていたのですが、この1年間は量で勝負、情熱で勝負でした。

授業も子供たちの集中力が課題です。何より5年生のときに荒れていた学級なので、学力にも課題があります。私は、どうすれば彼らが楽しく集中して学べるかを徹底的に考えました。

私が当時研究教科としていた社会科では、体験的な学習をふんだんに盛り込みました。大仏の大きさを新聞紙でつくって体育館に広げてみたり、学校の隣の緑道を伊能忠敬をまねて測量してみたり、杉田玄白に倣《なら》ってグループで辞書使わずに英語を翻訳してみたり等々、とにかくアイディア勝負でした。

しかし、体験的な活動は楽しんでも、思考が伴わなければ学びは深まりません。

そこで、毎時間のはじめに「今日の解決すべき課題」を投げかけ、そのまとめや自分の考えを文章でたくさん書かせるようにしました。それを掲示したり、読ませたりしながら、徐々に意見交換ができるようにしていきました。

また、算数科や国語科では、導入が勝負とばかり、模造紙でいろいろなデータを大きく示したり、クイズ形式ではじめたり、画用紙でイラストを描いて黒板に貼ってみたり、当時はまだ少なかったパソコンによるプレゼンテーションなどなど。とにかく「え～?」とか「先生、すごーい」などと子供が大きな反応をする導入を考え続けました。

いま考えてみれば、そういう反応に私自身が動かされていたのかもしれません。彼らがそういう声を発してくれることの喜びに私は浸っていたのでしょう。

実は、これが私が最後に受けもった学級でした。翌年、教育委員会に勤めることになったのです。ですから、私自身は、それまで自分なりに学級づくりができると信じ込んでいた、その自信が早々に打ち砕かれた経験、教育は理屈だけで語れるほど簡単なものではないことを教えてくれた貴重な経験となりました。

教育現場の大変さを、担任としての最後の学級で、私にしっかりと教えてくれた子供たちだったのです。

保護者にはミニ教師になってもらおう

学級経営に保護者の協力は不可欠です。最後の学級でも、はじめは距離感があった保護者も、2学期には、遅くまで職員室や教室に残って仕事をしている私のところに声をかけに来てくれたり、ときには差し入れ（お菓子です）をもってきてくれるようになりました。

保護者会では、子供たちの状況を詳しく話し、授業のビデオを見せたり、学級経営案を写真入りに構成し直して配ったりしました。

保護者とどうつき合っていくかは、いつの時代にもある古くて新しい課題です。近年は殊にむずかしくなっていると聞きます。しかし、やり方次第で教師の応援団になってくれます。

たとえば、保護者会。

学校によっても様々だと思いますが、年3、4回行う学校が多いのではないでしょうか。この機会をどう活用するかによって、保護者との関係性やつき合い方が、がらっと変わります。

まずは、4月最初の保護者会が肝心。

「これから1年間、子供たちと一緒に学んでいきます。ついては、まず最初に子供の学びはどういうものか知っていただきたいと思います」私はそう言って、子供たちがワークシートにこんなことを書いたとか、こんないい発言をしたといったことを（子供の名前は伏せて）紹介していました。

紹介していたのは、前の学級の子供たちの学習成果です（保護者会資料参照）。「ある子がこんなことを書いています。子供はこういうふうに学ぶのです」と、その学級の1年後の姿になるかもしれない子供たちの活躍を先に見せてしまうわけです。もちろん、何もかもいいわけではないから、いい発言や振り返りをあらかじめ選んでおきます。

すると、次のような声が保護者からあがります。

「わあ、すごい！」

「え！　6年生じゃないんですか？　本当に4年生？」

一様に保護者の目が輝き、ワクワクしてきます。

教育の専門家ではないからこそ、「ああ、子供ってこうやって学ぶんだ」「自分はどうだったかな」「子供の学びはこんな具体なんだ」と興味深く受け取ってもらえます。みなさん「へぇーー」「おもしろい」と言って、楽しそうなのです。

しかも、1年間かけて育った子供の成長を垣間見せられるわけですから、保護者はみな一様にうらやましく思うわけですね。

「うわあ、こんなことまでできるんですね」

「子供たちが、こんなふうに、本当になるんですか？」

そこで、私は間髪を入れずに言います。

「今日見ていただいた子供の姿や学びは、何も特別なことではありません。1年かけてそういう学級にしていきたいと思います。しかし、そのためには、私たち教師だけでは実現できません。どうか私たちに保護者のみなさんの力をお貸しください」

これでつかみはOK。その後は、次の言葉。

「今度、ぜひ私たちの授業を見に来てください。そして、いらっしゃったら、授業は最後まで見てください」

子供が、そもそも授業中に、しかもみんなの前で発言するというのは、勇気がいることです。ですから、たとえ授業中ひと言も発言しなかったとしても、最後に書かせた振り返りにキラリと光る着眼点を目の当たりにできれば、それこそ子供の多様性や学びのスタイルがあることを、保護者自身が感じ考えてくれるようになるのです。

このようなやり取りで、**保護者の子供を見る目が変わってきます。それは我が子を見る目ではなく、子供を集団として見る目にじわじわとなっていきます。**

私は、保護者会に臨むに当たって、保護者に教師目線になってもらうことを第一に考えていました。言うなれば、保護者には、教師である私の味方になってもらおう、ミニ

保護者会資料の前半部分

「4年生は、こんな子たちでした」

①とても愛されている子たちです。
あたたかい家庭がすべてです。

2.17

「ゆれる心」

今日ぼくは学校からかえって来たとき[illegible]。ぼくは児童館に[illegible]
きたいと思ったのですがお母さんに
「耳がいたいんだし今日は、雨がふって寒いからやめなさい」
といわれてしまいました。[illegible]

[illegible]

②だから、友達のあたたかさに
気づかされます。

今日、学校で雨がふっていました。私はかさを持ってきていなかったので
「どーしよ～？」とその時、木村さんが
「かさかしてあげる！！」
と言ってくれました。私はその時、みわちゃんてとっても優しいんだ
なぁ～と思いました。
みわちゃんありがとう。
私もみわちゃんをみならってもっともっともっと優しくなりたい
だってもう私のなまえは優子だからやさしいこ
という意味だからです。
みわちゃん、ありがとう。

優子さんもとっても優しい子です。

一月二十四日(火)やっぱり、もつべきものは友達だな。本城
今日は家に帰ってても遊ぶことがなくて「ひまだなぁ～」と、
思っていたらぬまじが平ちゃんに「じゃあ、今日遊びに行くね。」
というのが聞こえて、「そうだ、平ちゃんちに遊びに行こう。」
と思って平ちゃんに「今日、遊べる？」と聞いたら、
平ちゃんは「うん、いいよ」といったので「やったー。」と思って
道でわかれる時に「じゃあ、すぐいくね。」と言ってわかれて
帰ってからすぐに走って平ちゃんちに行きました。
そしたら、もうぬまじがさきについていて「やっぱりね。」
と思いながら平ちゃんちにはいって、本を読んでいたら、ピン
ポーン、ピンポーンとベルがなってだれかなと思って平ちゃんに
「だれか来たよ、平ちゃん。」と言ったら、「えっ、だれか来たっ」
と言って平ちゃんがドアを開けたら、こだじが来たから、
「な～んだ、こだじか。」と思っていたらそれから何分後かに
じゅん君が来てから、みんなファミコンを始めたから、
ぼくは、平ちゃんに「ゲームボーイはどこにある？」と聞いて
からみつけて、持って来たゲームボーイソフトの、星のカービィ

③さらに、担任にまで愛と理解を
注いでくれます。

このほかにもおしゃべりをなくすための工
夫はいくつかあります。しかしれんらく帳全
体でさき注意　個人でき注意にもかかわらずお
しゃべりをしていることがあります。
そんなときでも安心できて注意やれんらく
の上をいく、とてもすごい工夫があるのです。
その注意やれんらくのいくのがさわい先生
の注意です。みんながさわぎすぎな時、さわ
い先生の注意は説得力があります。それはさ
わい先生がこわいからでもなくさわい先生が
大声を出すのがいやだからでもなく学校では、
さわい先生が父親みたいなものだからです。
このさわい先生の注意は先生いないときは
できません。だからそういうときこそしゃべ
ったりしている人は、注意してる人をむし
ないですなおにききましょう。

保護者会資料の後半部分

「4年生は、こんな子たちでした」

④だから、いろいろなことを感じたり、発見したりできます。

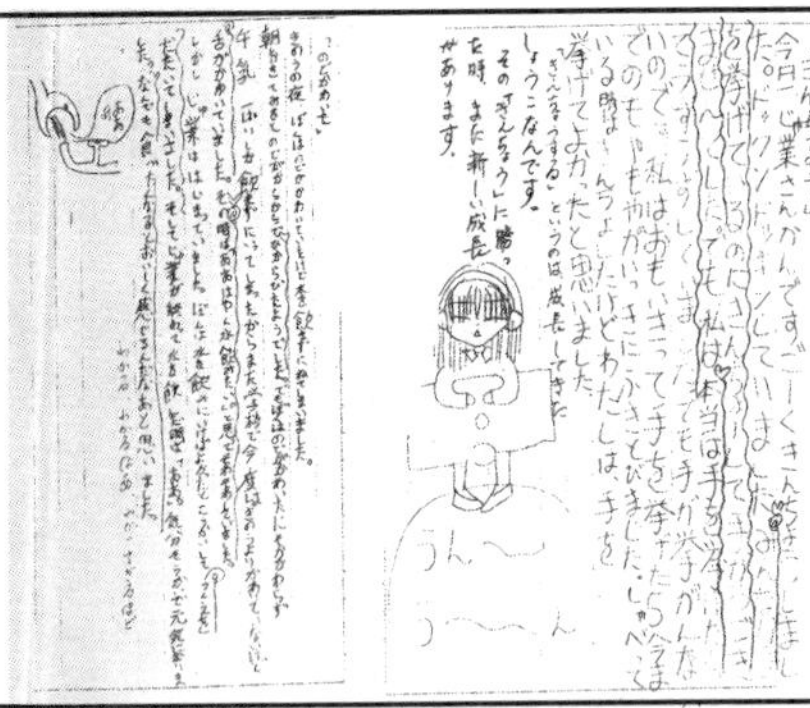

⑤がんばり屋で、向上心に燃えているのです。

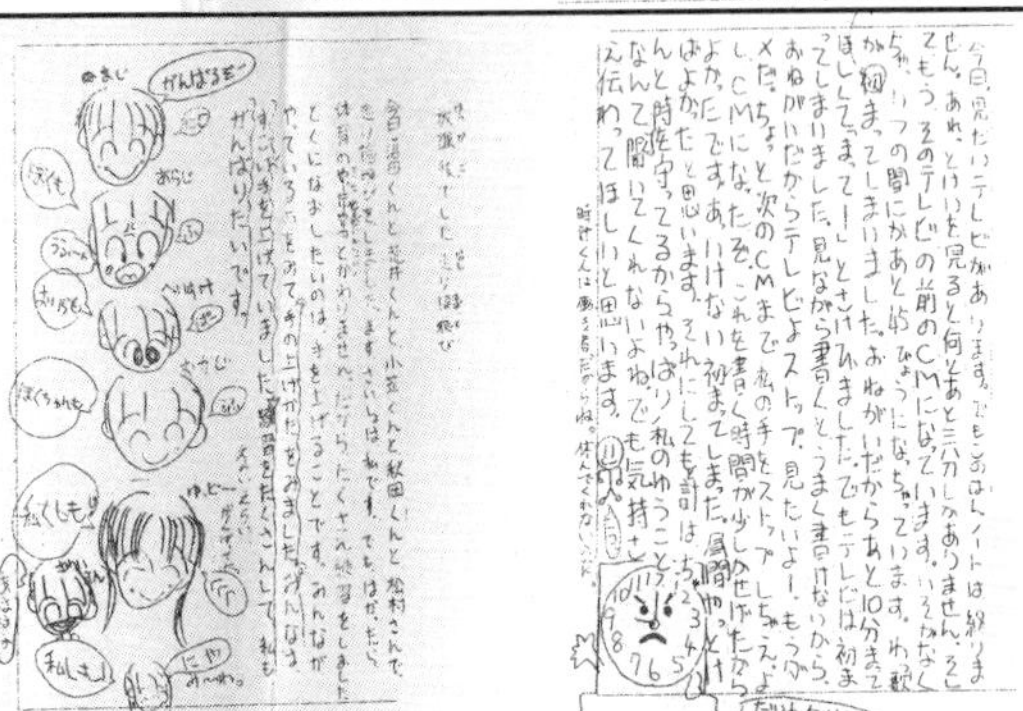

③そして、自分の世界を広げているのです。

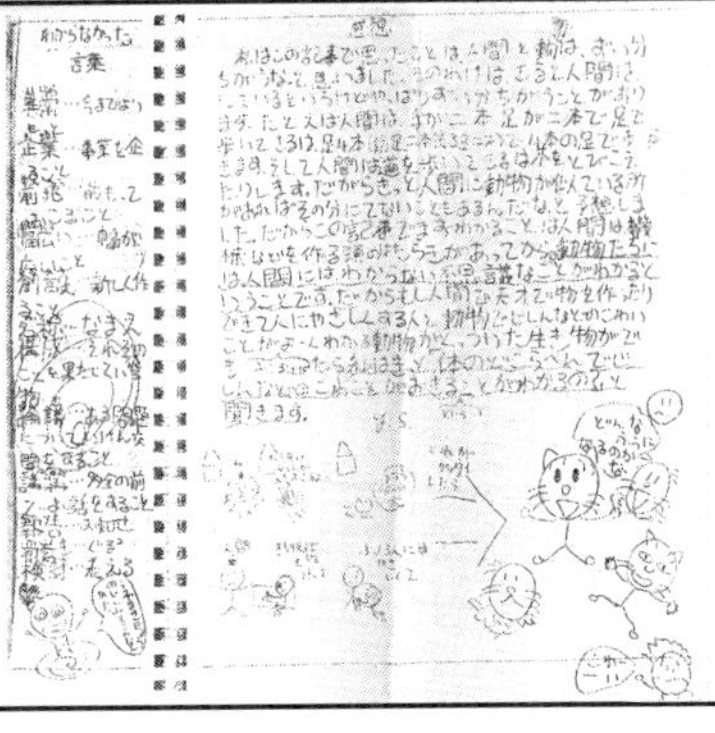

教師になってもらおうとしていたのです。決して、保護者対教師という対面式ではなく、共に子供たちを育てる主体として。

普通は我が子の善し悪しだけを見にきて、周囲がキョトンとするような発言であれば「あぁぁ」とため息、ひと言も発言しなければ「もう！」とイライラ。それが（もちろん限界はあるものの）まるで教師が研究授業に参加するような目で見るように変わります。

「あの子の意見、すばらしいよね」

「あの子には、こんな面があったんだ。うちの子にも真似をしてもらいたい」

こんなふうに、いろいろな子供たちの反応を楽しんでいるようでした。

次第に「ほかの子と比べても、あまり意味がないですよね」といった意見が、保護者のほうから当たり前のように出てくるようになります。保護者自身がそのことに気づいてくれるからです。

*

最近は、「企業でいったら保護者は株主ですから、株主の意向を踏まえて」などと言われることもあります。しかし、これだけでは、学校教育があたかも消費サービス業であるかのようです。

「時代は変わった」「学校は消費サービス業だ」「保護者に言われると困る」などとばかり思わないほうがよいと思います。それではどんどん萎縮してしまうし、ちょっとしたことでもビクビクしてしまって、注意一つ満足にできなくなってしまいます。下手をすると、石橋を叩くだけ叩いて、なお渡らないということさえ起きます。

そうすると、いつまで経っても教師と保護者は常に向かい合わせのままで、同じ目線で子供を見ることができません。何かしらトラブルが起きるたびに、教師であれ保護者であれ、本来守るべきはずの子供を対立軸にしてしまうことになります。それでは本末転倒というものでしょう。

保護者を味方につける、というのは、保護者に迎合したり、ご機嫌をとることではありません。**子供の学ぶ姿のおもしろさ、楽しさを感じてもらいながら、教師としての私と同じ目線になってもらう**ということなのです。

あとがき――社会科の視点から

「教育の仕事は面白い」と私に思わせてくれたのが社会科でした。

民間企業組で、専門的な勉強をしていない。授業に自信もない。体育の時間にマイクを使って指示していたら、学年主任にこっぴどく怒られた初任者時代。とにかく劣等感の塊。「私はダメだ」「ダメな教師だ」「もう辞めるぞ」と思ったことは一度や二度ではありません。そんな中にあっても、社会科の授業では子供がよく発言してくれた、楽しそうにしてくれた、それに何より私自身が楽しかった。やはり社会科が私を教師にしてくれたのでしょう。

社会科の研究会を通して、人間として成長させてもらえたということもあります。すごい先輩たちと出会って、仲間にしてくれて、「こんなすごい人がいるんだ」「こんないいことを考えてるんだ」と触発される。結構民主的で、無駄な応援もするし、研究発表のときに一升瓶をもってくる人だっていたりする。「自分もがんばらなきゃ」と思わせてくれました。

どの教科であってもいいのだと思います。自分の専門にどっぷり浸かってがんばっていると、それまでに目にしたことのない光景を見られる、一度も立ったことのない地平に立つことができます。ハウツーのつまみ食いでは、決して辿り着けない地平です。

そんな経験を積むうちに、私は気づかされました。「子供ってかわいいんだな」と。

見かけのかわいさ、行動や発言のかわいさ、一緒に遊ぶかわいさ、子供にはいろいろなかわいさがあると思います。しかし、それだけではない。授業を通じて、懸命に学ぶ子供のかわいさというものがあることを知りました。

「一所懸命、考えているよ」「一所懸命、調べているよ」というかわいさです。子供ってこんなに成長したがっているんだ、こんなに学ぶときにいい顔するんだというかわいさを知りました。

だから、先生方にはいつも「授業でもっと子供を褒めてあげてください」と言っています。「こまっしゃくれて、斜に構えた子もいるけど、それだって精いっぱい虚勢を張ってるんですよ」

荒れている学級だってそう。みんな背伸びして、虚勢を張って、無理をしているのです。そんな子供たちには、「よしよし。だけどね、もうちょっと力を抜いていいと思うぞ」と向かってやればいいのです。そうすれば、ひた隠しにしていたその子の素が、我慢しきれずに、光あるところへピョコッと顔を出して、かわいくがんばりはじめます。

子供たちとかかわるというのは、結局そういうことなんだろうと思います。

澤井陽介（さわい・ようすけ）

文部科学省初等中等教育局　教科調査官
国立教育政策研究所　教育課程調査官

昭和35年・東京生まれ。社会人のスタートは民間企業。その後、昭和59年から東京都で小学校教諭、平成12年から都立多摩教育研究所、八王子市教育委員会で指導主事、町田市教育委員会で統括指導主事、教育政策担当副参事を経て、平成21年７月から現職。平成25年度から、月刊『初等教育資料』（東洋館出版社）編集長。

《主な編著》単著『澤井陽介の社会科の授業デザイン』東洋館出版社、2015年３月／『小学校社会　授業改善の５つのフォーカス』図書文化社、2013年７月／共著『ステップ解説　社会科授業のつくり方』東洋館出版社、2014年１月／編著『教師の評価術　小学校社会科編』東洋館出版社、2011年７月、ほか多数。

学級経営は「問い」が９割
Empowerment for Children

2016（平成28）年３月10日　初版第１刷発行

著　者　澤井陽介
発行者　錦織圭之介
発行所　株式会社　東洋館出版社
〒113-0021　東京都文京区本駒込5-16-7
営業部　電話 03-3823-9206／FAX 03-3823-9208
編集部　電話 03-3823-9207／FAX 03-3823-9209
振替　00180-7-96823
URL　http://www.toyokan.co.jp
装　幀　中濱健治
印刷・製本　藤原印刷株式会社

ISBN978-4-491-03204-7　Printed in Japan